王维 Wang Wei

诗

鉴赏辞典

（珍藏本）

上海辞书出版社文学鉴赏辞典编纂中心 编

上海辞书出版社

《王维诗鉴赏辞典》领衔撰稿

霍松林	陈贻焮	周振甫	陈邦炎
余恕诚	刘逸生	周啸天	

撰稿人（按姓氏笔画排列）

文达三	石晓玲	刘学锴	刘竞飞	刘逸生
刘德重	刘燕歌	汤贵仁	李　琳	吴小林
余恕诚	张燕瑾	陈邦炎	陈贻焮	林家英
周振甫	周啸天	周溶泉	赵庆培	倪其心
徐应佩	唐永德	傅如一	傅经顺	霍松林

前言

王维(701—761),唐代著名诗人、画家。字摩诘,号摩诘居士。河东蒲州(今山西运城)人,祖籍山西祁县。开元九年(721)登进士第,任太乐丞。开元二十一年,张九龄为宰相,旋即提拔王维为右拾遗。开元二十五年,赴河西节度使幕为监察御史,后兼节度判官。天宝初,召为左补阙,历侍御史、库部员外郎、库部郎中等职。天宝十一载(752)拜吏部郎中,天宝十四载迁给事中。安禄山攻陷长安时,王维被迫受伪职。两京收复后,因陷贼时曾写有思念唐室的诗,加上弟弟王缙求情,仅责授太子中允,迁中书舍人。唐肃宗上元年间任尚书右丞,故世称"王右丞"。

王维与孟浩然同为盛唐山水田园诗派代表诗人,并称"王孟"。王维于佛学有很深研究,也过着奉佛持斋、参禅悟理的日常生活。他擅长各体诗歌,尤长五言。山水田园诗融禅理、画意、诗情于笔端,以自然精练、形象准确之语言,将自然美再现为艺术美,尤长于意境之创造。杜甫称其"最传秀句寰区满"(《解闷》),殷璠赞其"词秀调雅,意新理惬,在泉为珠,着壁成绘,一字一句,皆出常境"(《河岳英灵集》)。苏轼谓其"味摩诘之诗,诗中有画;观摩诘之画,画中有诗"(《书摩诘蓝田烟雨图》)。王维对后代山水田园诗及严羽之"妙悟"、王士禛之"神韵"诗学理论都有重大影响。

王维传世名作甚多,《山居秋暝》《渭川田家》《终南山》《观猎》等都脍炙人口。《辋川集》中绝句或空灵,或淡远,动静相兼,声色俱佳。王维工骈文,《山中与裴秀才迪书》文笔清丽,绘影绘形,为唐代散文名篇。

前言

王维是全能型天才，体现了盛唐诗人蓬勃的创作欲望和全面发展的才华。在绘画史里，王维有“南宗之祖”之称，是文人画的开山宗师。钱锺书甚至说他可坐盛唐画坛第一把交椅。他画的《雪中芭蕉》，一千多年来，多少人为雪里有没有芭蕉争得你死我活。芭蕉怕寒，翠绿的蕉叶遇雪会坏死。但在现实生活中不能并存的事物，在文艺创作是允许的，这样的例子并不鲜见。有关他在音乐上的天赋，《唐国史补》上有这样一个故事，有人弄了幅《奏乐图》，但不知为何题名，王维熟视而笑，说：“此是《霓裳羽衣曲》第三叠第一拍。”请来乐师演奏，果然不差。

另外，有个问题需要交代一下，王维的生年，历来有两种说法，一种是公元 692 年，一种是 701 年，因文献不足，没有定论。据陈尚君先生的说法，写 701 年前，是最为妥当。据历史记载，王维 721 年登进士。考进士时，传说王维是面如粉团、风姿绰约的美少年。如果传说当真，则王维生于 701 年比 692 年似乎更合理一些。鉴于此，本书采用了生于 701 年的说法。

王维留传至今诗歌 400 余首，有《王右丞集》行世。

本书精选王维代表作品 60 篇，并请有关古典文学研究专家撰写鉴赏文章。书末附录《王维生平与文学创作年表》。不当之处，尚祈读者指正。

上海辞书出版社文学鉴赏辞典编纂中心

2020.3

目录

诗

目录

目录

诗

shi

陇西行[①]

原文

十里一走马，五里一扬鞭。
都护军书至，匈奴围酒泉。
关山正飞雪，烽火断无烟。

〔注〕

① 《陇西行》：乐府旧题，又称《步出夏门行》，属《相和歌·瑟调曲》。

鉴赏

这是王维用乐府旧题写的一首边塞诗。

诗一开头，便写告急途中，军使跃马扬鞭，飞驰而来，一下子就把读者的注意力紧紧吸引住了。一、二句形容在“一走马”“一扬鞭”的瞬息之间，“十里”“五里”的路程便风驰电掣般地一闪而过，以夸张的语言渲染了十万火急的紧张气氛，给人以极其鲜明而飞动的形象感受。中间两句，点明了骑者的身份和告急的事由。一个“围”字，可见形势的严重。一个“至”字，则交代了军使经过“走马”“扬鞭”的飞驰疾驱，终于将军书及时送到。最后两句，补充交代了气候对烽火报警的影响。按理，应当先见烽火，后到军书。然而现在，在接到军书之后，举目西望，却只见漫天飞雪，一片迷茫，望断关山，不见烽烟。是因雪大点不着烽火呢，还是点着了也望不见呢？反正是烽火联系中断了。这就更突出了飞马传书的刻不容缓。写到这里，全诗便戛然而止了，结得干脆利落，给读者留下了想象的余地。尽管写形势危急，气氛紧张，而诗中表现的情绪却是热烈、镇定和充满自信的。

这首诗，取材的角度很有特色。它反映的是边塞战争，但并不正面描写战争。诗人的着眼点既不在军书送出前边关如何被围，也不在军书送至后援军如何出动，而是仅仅撷取军使飞马告急这样一个片段、一个侧面来写，至于前前后后的情况，则让读者自己用想象去补充。这种写法，节奏短促，一气呵成，篇幅集中而内蕴丰富，在艺术构思上也显得不落俗套。

（刘德重）

送别

原文

下马饮君酒，问君何所之？
君言不得意，归卧南山陲。
但去莫复问，白云无尽时。

鉴赏

这首诗写送友人归隐，看似语句平淡无奇，细细读来，却是词浅情深，含着悠然不尽的意味。

“下马饮君酒，问君何所之？”第一句叙事。一开始就写饮酒饯别，是点题。第二句设问，问君到哪里去。由此引出下面的答话，过渡到写归隐。这一质朴无华的问语，表露了作者对友人关切、爱护的深厚情意。送别者的感情起始就渗透在字里行间。

“君言不得意，归卧南山陲。”“不得意”三字，显然是有深意的。不仅交代友人归隐的原因，表现他失意不满的情绪；同时也从侧面表达诗人自己对现实愤懑不平的心情。这三字是理解这首诗题旨的一把钥匙。诗人在得知友人“不得意”的心情后，劝慰道：“但去莫复问，白云无尽时。”你只管去吧，我不再苦苦寻问了，其实你何必以失意为念呢？那尘世的功名利禄总是有尽头的，只有山中的白云才没有穷尽之时，足以供你娱乐排遣了。这两句表现了作者很复杂的思想感情：既有对友人的安慰，又有自己对隐居的欣羡；既有对人世荣华富贵的否定，又似乎带有一种无可奈何的情绪。联系前面“不得意”三字看来，在这两句诗中，更主要的则是对朋友的同情之心，并蕴含着诗人自己对现实的愤激之情，这正是此诗的着意之处和题旨所在。从写法上看，前面四句，写得比较平淡，似乎无甚意味，至此两句作结，诗意顿浓，韵味骤增，含不尽之意。当然，这两句也不是凭空而起的，而是由前面看似平淡的四句发展而来的，如果没有前四句作铺垫，这两句结尾也就不会给人这样强的“清音有余”（明谢榛语）的感觉。

（吴小林）

青溪

原文

言[1]入黄花川[2]，每逐青溪[3]水。

随山将万转，趣[4]途无百里。

声喧乱石中，色静深松里。

漾漾泛菱荇，澄澄映葭苇[5]。

我心素已闲，清川澹如此。

请留盘石上，垂钓将已矣。

〔注〕

① 言：发语词，无意义。
② 黄花川：在今陕西凤县（今属宝鸡市）东北黄花镇附近。
③ 青溪：在今陕西勉县（今属汉中市）之东。
④ 趣：通“趋”。
⑤ 葭（jiā）苇：芦苇。

鉴赏

诗题一作《过青溪水作》，大约是王维初隐蓝田（今属陕西）南山时所作。此诗写了一条不甚知名的溪水，却很能体现王维山水诗的特色。

看来王维曾不止一次地循青溪入黄花川游历。这一段路程虽长不及百里，但溪水随着山势盘曲蛇行，千回万转，颇为蜿蜒多姿。王维另有一首《自大散以往深林密竹蹬道盘曲四五十里至黄牛岭见黄花川》，也说那里的山路“危径几万转”，可与此诗的“随山将万转”对看。

诗开头四句对青溪作总的介绍后，接着采用“移步换形”的写法，顺流而下，描绘了溪水一幅幅各具特色的画面。你看，当它在山间乱石中穿过时，水势湍急，潺潺的溪流声忽然变成了一片喧哗。“喧”字造成了强烈的声感，给人以如闻其声的感受。当它流经松林中的平地时，这同一条青溪却又显得那么娴静、安谧，几乎没有一点声息。澄碧的溪水与两岸郁郁葱葱的松色相映，融成一片，色调特别幽美、和谐。这一联中一动一静，以动衬静，声色相通，极富于意境美。再看，当青溪缓缓流出松林，进入开阔地带后，又是另一番景象：水面上浮泛着菱叶、荇菜等水生植物，一片葱绿，水流过处，微波荡漾，摇曳生姿；再向前走去，水面又似明镜般地清澈碧透，岸边浅水中的芦花、苇叶，倒映如画，天然生色。这一联，“漾漾”绘水动貌，“澄澄”状水静貌，也是一动一静，极为传神。诗人笔下的青溪，既喧闹，又沉静，既活泼，又安详，既幽深，又素净，从不断的流动变化中，表现出了鲜明个性和盎然生意，读后令人油然而生爱悦之情。

其实，青溪并没有什么奇景，它那素淡的景致，为什么在诗人的眼中、笔下，会具有如此的魅力呢？诚如近代王国维所说：“一切景语皆情语也。”（《人间词话删稿》）王维也正是从青溪素淡的天然景致中，发现了与他那恬淡的心境、闲逸的情趣高度和谐一致的境界。“我心素已闲，清川澹如此。”诗人正是有意借青溪来为自己写照，以清川的淡泊来印证自己的素愿，心境、物境在这里已融合为一了。最后，诗人暗用了东汉严子陵垂钓富春江的典故，也想以隐居青溪来作为自己的归宿了。这固然说明诗人对青溪的喜爱，更反映了他在仕途失意后自甘淡泊的心情。这一点，写来含而不露，耐人寻味。

这首诗，自然、清淡、素雅，写景抒情均不刻意为之，表面上看似不着力，而读来韵味隽永醇厚，平淡而有思致。前人评王右丞"如秋水芙蕖，倚风自笑"（清贺裳《载酒园诗话》），是最恰当不过的。

（刘德重）

渭川田家

原文

斜光照墟落①，穷巷牛羊归。

野老念牧童，倚杖候荆扉。

雉雊②麦苗秀，蚕眠桑叶稀。

田夫荷锄至，相见语依依。

即此羡闲逸，怅然吟《式微》。

〔注〕

① 墟落：村落。

② 雉雊（gòu）：野鸡鸣叫。《诗·小雅·小弁》："雉之朝雊，尚求其雌。"

鉴赏

夕阳西下、夜幕将临之际，诗人面对一幅恬然自乐的田家晚归图，油然而生羡慕之情。诗的核心是一个"归"字。

诗人一开头，首先描写夕阳斜照村落的景象，渲染暮色苍茫的浓烈气氛，作为总背景，统摄全篇。接着，诗人一笔就落到"归"字上，描绘了牛羊徐徐归村的情景，使人很自然地联想起《诗经·王风·君子于役》里的几句诗："鸡栖于埘，日之夕矣，羊牛下来。君子于役，如之何勿思？"诗人痴情地目送牛羊归村，直至没入深巷。就在这时，诗人看到了更为动人的情景：柴门外，一位慈祥的老人拄着拐杖，正迎候着放牧归来的小孩。这种朴素的散发着泥土芬芳的深情，感染了诗人，他似乎也分享到了牧童归家的乐趣。顿时，他感到这田野上的一切生命，在这黄昏时节，似乎都在思归。不是吗？麦地里的野鸡叫得多动情啊，那是在呼唤自己的配偶呢；桑林里的桑叶已所剩无几，蚕儿开始吐丝作茧，营造自己的安乐窝，很快就有自己的归宿了。田野上，农夫们三三两两，扛着锄头下地归来，在田间小道上偶然相遇，亲切絮语，简直有点乐而忘归呢。诗人目睹这一切，联想到自己的处境和身世，十分感慨。自开元二十五年(737)宰相张九龄被排挤出朝廷之后，王维深感政治上失去依傍，进退两难。在这种心绪下他来到原野，看到人皆有所归，惟独自己尚彷徨中路，怎能不既羡慕又惆怅？所以诗人感慨地说："即此羡闲逸，怅然吟《式微》。"其实，农夫们并不闲逸。但诗人觉得和自己担惊受怕的官场生活相比，农夫们安然得多，自在得多，故有闲逸之感。《式微》是《诗经·邶风》中的一篇，诗中反复咏叹："式微，式微，胡不归？"诗人借以抒发自己急欲归隐田园的心情，不仅在意境上与首句"斜阳照墟落"相照映，而且在内容上也落在"归"字上，使写景与抒情契合无间，浑然一体，画龙点睛式地揭示了主题。读完这最后一句，才恍然大悟：前面写了那么多的"归"，实际上都是反衬，以人皆有所归，反衬自己独无所归；以人皆归得及时、亲切、惬意，反衬自己归隐太迟以及自己混迹官场的孤单、苦闷。这最后一句是全诗的重心和灵魂。如果以为诗人的本意就在于完成那幅田家晚归图，这就失之于肤浅了。全诗不事雕绘，纯用白描，自然清新，诗意盎然。

（傅如一）

春中田园作

原文

屋上春鸠鸣，村边杏花白。

持斧伐远扬，荷锄觇[1]泉脉。

归燕识故巢，旧人看新历。

临觞忽不御，惆怅思远客。

〔注〕

① 觇(chān)：偷偷地察看；观测。

鉴赏

这是一首春天的颂歌。从诗所展现的环境和情调看，似较《辋川集》的写作时间要早些。在这首诗中，诗人只是平平地叙述，心情平静地感受着、品味着生活的滋味。

冬天很难见到的斑鸠，随着春的来临，很早就飞到村庄来了，在屋上不时鸣叫着；村中的杏花也赶在桃花之前争先开放，开得雪白一片，整个村子掩映在一片白色杏花之中。开头两句十个字，通过鸟鸣、花开，就把春意写得很浓了。接着，诗人由春天的景物写到农事，好像是春鸠的鸣声和耀眼的杏花，使得农民在家里待不住了，他们有的拿着斧子去修整桑枝，有的扛着锄头去察看泉水的通路。整桑理水是经冬以后最早的一种田园劳动，可说是农事的序幕。

归燕、新历更是春天开始的标志。燕子回来了，飞上屋梁，在巢边呢喃地叫着，似乎还能认识它的故巢，而屋中的旧主人却在翻看新一年的日历。旧人、归燕，和平安定，故居依然，但“东风暗换年华”，生活在自然地和平地更替与前进。对着故巢、新历，燕子和人将怎样规划和建设新的生活呢？这是用极富诗意的笔调，写出春天的序幕。不是吗？新历出现在人们面前的时候，不就像春天的布幕在眼前拉开了一样吗？

诗的前六句，都是写诗人所看到的春天的景象。结尾两句，写自己的感情活动。诗人觉得这春天田园的景象太美好了，“木欣欣以向荣，泉涓涓而始流”（晋陶渊明《归去来兮辞》），一切是那样富有生气，充满着生活之美。他很想开怀畅饮，可是，对着酒又停住了，想到那离开家园作客在外的人，无缘享受与领略这种生活，不由得为之惋惜、惆怅。

这首诗春天的气息很浓，而诗人只是平静地淡淡地描述，始终没有渲染春天的万紫千红。但从淡淡的色调和平静的活动中却成功地表现了春天的到来。诗人凭着他敏锐的感受，捕捉的都是春天较早发生的景象，仿佛不是在欣赏春天的外貌，而是在倾听春天的脉搏，追踪春天的脚步。诗中无论是人是物，似乎都在春天的启动下，满怀憧憬，展望和追求美好的明天，透露出唐代前期的社会生活和人的精神面貌的某些特征。人们的精神状态也有点像万物欣欣然地适应着春天，显得健康、饱满和开展。

（余恕诚）

新晴野望

原文

新晴原野旷，极目无氛垢。

郭门临渡头，村树连溪口。

白水明田外，碧峰出山后。

农月无闲人，倾家事南亩。

鉴赏

这是一首田园诗，描写初夏的乡村，雨后新晴，诗人眺望原野所见到的景色。诗的开头两句，总写新晴野望时的感受：经过雨水的冲涤，空气中无丝毫尘埃，显得特别明净清新；极目远眺，原野显得格外空旷开阔。诗人一下子就抓住了环境的特征，仅仅用“原野旷”“无氛垢”六个字，便把此情此境真切地再现出来；而且将读者也引进这一特定情境中去，随着诗人一起远眺。

纵目四望，周围是一片多么秀丽的景色啊！远处，可以遥遥望见临靠着河边渡头的城门楼；近处，可以看到村边的绿树紧连着溪流的入河口。这在平时都不能看得如此清晰分明。田野外面，银白色的河水闪动着粼粼波光，因为雨后水涨，晴日辉映，比平时显得明亮；山脊背后，一重重青翠的峰峦突兀而出，峰峦叠现，远近相衬，比平时更富于层次感。这一组风景镜头，紧紧扣住了雨后新晴的景物特点。随着目之所及，由远而近，又由近及远，有层次，有格局，有色彩，有亮度，意境清幽秀丽，俨然构成了一幅天然绝妙的图画。

然而，这样一幅画，还只能说是静物写生，虽则秀美，毕竟显得有点空旷，缺乏活力。王维作为山水诗和山水画的大师，是深深懂得这一点的。因而在最后两句中，他便给这幅静态画面加上了动态的人物："农月无闲人，倾家事南亩。"虽然是虚写，却给原野平添了无限生意，能让人想见初夏田间活跃的情状并感受到农忙劳动的气氛。这样一笔，整个画面都活起来了。

这首诗基调明朗、健康，表现了诗人爱自然、爱田园、爱生活的思想感情。诗人对自然美有敏锐的感受，他善于抓住景物特征，注意动静结合，进行层次分明的描绘，给读者以美的艺术享受。

（刘德重）

夷门歌

原文

七雄雄雌犹未分，
攻城杀将何纷纷。
秦兵益围邯郸急，
魏王不救平原君。
公子为嬴停驷马，
执辔愈恭意愈下。
亥为屠肆鼓刀人，
嬴乃夷门抱关者。
非但慷慨献奇谋，
意气兼将生命酬。
向风刎颈送公子，
七十老翁何所求！

鉴赏

题材的因袭，包括不同文学形式对同一题材的移植、改编，都有一个再创造的过程。王维《桃源行》固然是成功的一例，而他的这首《夷门歌》同样也是故事新编式的杰作。

此诗题材出自《史记·魏公子列传》（以下简称《传》），即信陵君窃符救赵的历史故事。但从《魏公子列传》到《夷门歌》，有一重要更动：故事主人公由公子无忌（信陵君）变为夷门侠士侯嬴，从而成为主要是对布衣之士的一曲赞歌。从艺术手法上看，将史传以二千余字篇幅记载的故事改写成不足九十字的小型叙事诗，对题材的重新处理，特别是剪裁提炼上“缩龙成寸”的特殊本领，令人叹绝。

诗共十二句，四句一换韵，按韵自成段落。

“七雄雄雌犹未分，攻城杀将何纷纷。秦兵益围邯郸急，魏王不救平原君。”首四句交代故事背景。细分，则前两句写七雄争霸天下的局势，后两句写“窃符救赵”的缘起。粗线勾勒，笔力雄健，“叙得峻洁”（清姚鼐语）。“何纷纷”三字将攻城杀将、天下大乱的局面形象地表出。《传》云“魏安釐王二十年，秦昭王已破赵长平军，又进兵围邯郸（赵都）”，诗只言“围邯郸”，然而“益急”二字传达出一种紧迫气氛，表现出赵国的燃眉之“急”来。于是，与“魏王不救平原君”的轻描淡写，对照之下，又表现出一种无援的绝望感。

赵魏唇齿相依，平原君（赵国贤公子）又是信陵君的姐夫。无论就公义私情而言，“不救”都说不过去。无奈魏王惧虎狼之强秦，不敢发兵。但诗笔到此忽然顿断，另开一线，写信陵君礼贤下士，并引入主角侯生。《传》云：“公子为嬴停驷马，执辔愈恭意愈下。亥为屠肆鼓刀人，嬴乃夷门抱关者。”信陵君之礼遇侯嬴，事本在秦兵围赵之前，故这里是倒插一笔。其作用是，暂时中止前面叙述，造成悬念，同时运用“切割”时间的办法形成跳跃感，使短篇产生不短的效果，即在后文接叙救赵事时，给读者以一种隔了相当一段时间的感觉。信陵君结交侯生事，在《史记》有一段脍炙人口的、绘声绘色的描写。诗中却把诸多情节，如公子置酒以待，亲自驾车相迎，侯生不让并非礼地要求枉道会客等等，一概略去，单挑面对侯生的傲慢“公子执辔愈恭”的细节作突出刻画。又巧妙运用“愈恭”“愈下”两个“愈”字，显示一个时间进程（事件发展过程）。略去的情节，借助于启发读者的联想得到补充，便有语短事长的效果。两句叙事极略，但紧接二句交代侯嬴身份兼及朱亥，不避繁复，又出人意外地详。“嬴乃夷门抱关者也”，“臣乃市井鼓刀屠者”，都是史传中人物原话。“点化二豪之语，对仗天成，已征墨妙”（清赵殿成《王右丞诗集笺注》），而唱名的方式，使人物情态跃然纸上，颇富戏剧性。两句妙在强调二人卑微的地位，从而突出卑贱者的智勇；同时也突出了公子不以富贵骄士的精神。两人在窃符救赵中扮演着关键角色，故强调并不多余。这段的一略一详，正是白石道人所谓“难说处一语而尽，易说处莫便放过”，贵在匠心独运。

“非但慷慨献奇谋，意气兼将生命酬。向风刎颈送公子，七十老翁何所求！”最后一段专写侯生，既紧承前段又遥接篇首，回到救赵事上来。“献奇谋”，指侯嬴为公子策划窃符及赚晋鄙军一事，这是救赵的关键之举。“意气”句则指侯嬴于公子至晋鄙军之日北向自刭事。其自刎的动机，是因既得信陵君知遇，又已申燕刀一割之用，平生意愿已足，生命已属多余，故作者着力表现这一点。末二句议论更作波澜，说明侯生义举全为意气所激，并非有求于信陵君。慷慨豪迈，有浓郁抒情风味，故历来为人传诵。二句分用谢承《后汉书》杨乔语（“侯生为意气刎颈”）和《晋书·段灼传》语（“七十老公复何所求哉！”）而使人不觉，用事自然入妙。诗前两段铺叙、穿插，已蓄足力量，末段则以“非但”“兼将”递进语式，把诗情推向高峰。以乐曲为比方，有的曲子结尾要拖一个尾声，有的则在激越处戛然而止。这首诗采取的正是后一种结尾，它如裂帛一声，忽然结束，却有“慷慨不可止”之感，这手法与悲壮的情事正好相宜。

把一个有头有尾的史传故事，择取三个重要情节来表现，组接巧妙，语言精练，人物形象鲜明，是《夷门歌》艺术上成功之处。

这首诗代表着王维早年积极进取的一面。唐代是中下层地主阶级知识分子在政治上扬眉吐气的时代，这时出现为数不少的歌咏游侠的诗篇，绝不是偶然的。《夷门歌》故事新编，融入了新的历史内容。清吴汝纶评此诗“叙古事而别有寄托”，是很有见地的。

（周啸天）

陇头吟[1]

原文

长安少年游侠客，夜上戍楼看太白[2]。

陇头明月迥临关，陇上行人夜吹笛。

关西老将不胜愁，驻马听之双泪流。

身经大小百余战，麾下偏裨万户侯。

苏武才为典属国[3]，节旄落尽海西头。

〔注〕

① 《陇头吟》：乐府旧题。胡才甫《沧浪诗话笺注》说："按《乐府诗集》，《陇头吟》无古辞。《陇头》二首，其一题陈后主作，又注一本无名氏。疑即此首。"

② 太白：即金星。古人认为它主兵象，可据以预测战事。

③ 典属国：汉代掌管藩属国家事务的官职，品位不高。

鉴赏

这是王维用乐府旧题写的一首边塞诗，题目一作《边情》。

一、二两句，先写一位充满游侠豪气的长安少年夜登戍楼观察太白（金星）的星象，表现了他渴望建立边功、跃跃欲试的壮志豪情。起句很有气势。然而，底下突然笔锋一转，顺着长安少年的思绪，三、四句紧接着出现了月照陇山的远景：凄清的月夜，荒凉的边塞，在这里服役的“陇上行人”正在用呜咽的笛声寄托自己的愁思。如果说，长安少年头脑里装的是幻想；那么，陇上行人亲身经受的便是现实：两者的差别何等悬殊！写到这里，作者的笔锋又一转：由吹笛的陇上行人，引出了听笛的关西老将。承转也颇顿挫有力。这位关西老将“身经大小百余战”，曾建立过累累军功，这不正是长安少年所追求的目标吗？然而老将立功之后又如何呢？部下的偏裨副将，有的已成了万户侯，而他却沉沦边塞！关西老将闻笛驻马而不禁泪流，这当中包含了多少辛酸苦辣！这四句，是全诗的重点，写得悲怆郁愤。关西老将为什么会有如此遭遇呢？诗中虽未明言，但最后引用了苏武的典故，是颇含深意的。苏武出使匈奴被留，在北海边上持节牧羊十九年，以致符节上的旄穗都落尽了，如此尽忠于朝廷，报效于国家，回来以后，也不过只做了个典属国那样的小官。表面看来，这似乎是安慰关西老将的话，但实际上，引苏武与关西老将类比，恰恰说明了关西老将的遭遇不是偶然的、个别的。功大赏小，功小赏大，朝廷不公，古来如此。这就深化了诗的主题，赋予了它更广泛的社会意义。

清人方东树推崇这首诗说：“起势翩然，关西句转收，浑脱沉转，有远势，有厚气，此短篇之极则。”（《昭昧詹言》）在十句诗中，作者把长安少年、陇上行人、关西老将这三种类型的人物，戍楼看星、月夜吹笛、驻马流泪这三个不同的生活场景，巧妙地集中在一起，自然而然地形成了鲜明的对照。这就很容易使人联想到：今日的长安少年，安知不是明日的陇上行人，后日的关西老将？而今日的关西老将，又安知不是昨日的陇上行人，前日的长安少年？诗的主旨是发人深省的。

（刘德重）

老将行

原文

少年十五二十时，步行夺得胡马骑。

射杀山中白额虎，肯数邺下黄须儿。

一身转战三千里，一剑曾当百万师。

汉兵奋迅如霹雳，虏骑崩腾畏蒺藜。

卫青不败由天幸，李广无功缘数奇。

自从弃置便衰朽，世事蹉跎成白首。

昔时飞箭无全目，今日垂杨生左肘。

路旁时卖故侯瓜，门前学种先生柳。

苍茫古木连穷巷，寥落寒山对虚牖。

誓令疏勒出飞泉，不似颍川空使酒。

贺兰山下阵如云，羽檄交驰日夕闻。

节使三河募年少，诏书五道出将军。

试拂铁衣如雪色，聊持宝剑动星文。

愿得燕弓射天将，耻令越甲鸣吾君。

莫嫌旧日云中守，犹堪一战取功勋。

鉴赏

这首诗叙述了一位老将的经历。他一生东征西战，功勋卓著，结果却落得个“无功”被弃、不得不以躬耕叫卖为业的可悲下场。边烽再起，他又不计恩怨，请缨报国。作品揭露了统治者的赏罚蒙昧，冷酷无情，歌颂了老将的高尚节操和爱国热忱。

全诗分三段。开头十句为第一段，是写老将青壮年时代的智勇、功绩和不平遭遇。先说他少时就有李广之智勇，“步行”夺得过敌人的战马，引弓射杀过山中最凶猛的“白额虎”。接着改用曹操的次子曹彰故事。彰绰号黄须儿，奋勇破敌，却功归诸将。诗人借用这两个典故，描绘老将的智勇才德。接下去，以“一身转战三千里”，见其征战劳苦；“一剑曾当百万师”，见其功勋卓著；“汉兵奋迅如霹雳”，见其用兵神速，如迅雷之势；“虏骑崩腾畏蒺藜”，见其巧布铁蒺藜阵，克敌制胜。但这样难得的良将，却无寸功之赏，所以诗人又借用历史故事抒发自己的感慨。汉武帝的贵戚卫青所以屡战不败，立功受赏，官至大将军，实由“天幸”；而与他同时的著名战将李广，不但未得封侯授爵，反而得罪、受罚，最后落得个刎颈自尽的下场，是因“数奇”。这里的“天幸”，既指幸运之“幸”，又指皇帝宠幸；“数奇”，既指运气不好，又指皇恩疏远，都是语意双关的。诗人借李广与卫青的典故，暗示统治者用人唯亲，赏罚失据，写出了老将的不平遭遇。

中间十句为第二段，写老将被遗弃后的清苦生活。自从被弃置之后老将便“衰朽”了，岁月蹉跎，心情不好，连头发都白了。他昔日虽有后羿射雀而使其双目不全的本领，但久不习武，双臂就如同生了疡瘤，很不利落了。古人常以“柳”谐“瘤”，并且“杨”“柳”通假。在这里诗人以“杨”谐“疡”（疮）是照顾到诗的平仄声调。老将被弃，疡生左肘，却还得自寻生计，“路旁时卖故侯瓜”。“故侯”，指秦东陵侯召平，秦破，为布衣，种瓜于长安东城。这里说他不仅种瓜，而且“路旁时卖”，可知生活没有着落；“门前学种先生柳”，也是指他以耕作为业的意思。陶渊明门前有五柳，因自号“五柳先生”。至于住处则是“苍茫”一片“古木”丛中的“穷巷”，窗子面对着的则是“寥落寒山”，这更见世态炎凉，门前冷落，从无宾客往还。但是老将并未因此消沉颓废，他仍然想“誓令疏勒出飞泉”，像后汉名将耿恭那样，在匈奴疏勒城水源断绝后，与战士们同甘共苦，终于又得泉水却敌立功；而决不像前汉颍川人灌夫那样，解除军职之后，使酒骂坐，发泄怨气。

最末十句为第三段，是写边烽未熄，老将时时怀着请缨杀敌的爱国衷肠。先说西北贺兰山一带阴霾沉沉，阵战如云，告急的文书不断传进京师；次写受帝命而征兵的军事长官从三河（河南、河内、河东）一带征召大批青年入伍，诸路将军受诏命分兵出击。最后写老将，他再也待不住了，先是“试拂铁衣如雪色”，把昔日的铠甲磨擦得雪亮闪光；继之是“聊持宝剑动星文”，又练起了武功。他的宿愿本就是能得到燕产强劲的名弓“射天将”（“天将”一作“大将”），擒贼擒王，消灭入寇的渠魁；并且“耻令越甲鸣吾君”，绝不让外患造成对朝廷的威胁。结尾为老将再次表明态度：“莫嫌旧日云中守，犹堪一战立功勋。”借用魏尚的故事，表明只要朝廷肯任用老将，他一定能杀敌立功，报效祖国。魏尚曾任云中太守，深得军心，匈奴不敢犯边，后被削职为民，经冯唐为其抱不平，才官复旧职。

这首诗十句一段，章法整饬，大量使事用典，从不同的角度和方面，刻画出“老将”的艺术形象，增加了作品的内涵，提高了作品的表现力，完满地表达了作品的主题。清沈德潜《唐诗别裁集》谓“此种诗纯以对仗胜”。诗中对偶工巧自然，如同灵气周运全身，使诗人所表达的内容，犹如璞玉磨琢成器，达到了理正而文奇，意新而词高的艺术境界。

（傅经顺）

桃源行

原文

渔舟逐水爱山春，两岸桃花夹去津。
坐看红树不知远，行尽青溪不见人。
山口潜行始隈隩，山开旷望旋平陆。
遥看一处攒云树，近入千家散花竹。
樵客初传汉姓名，居人未改秦衣服。
居人共住武陵源①，还从物外②起田园。
月明松下房栊静，日出云中鸡犬喧。
惊闻俗客争来集，竞引还家问都邑。
平明闾巷扫花开，薄暮渔樵乘水入。
初因避地去人间，及至成仙遂不还。
峡里谁知有人事，世中遥望空云山。
不疑灵境难闻见，尘心未尽思乡县。
出洞无论隔山水，辞家终拟长游衍。
自谓经过旧不迷，安知峰壑今来变。
当时只记入山深，青溪几度到云林。
春来遍是桃花水，不辨仙源何处寻。

〔注〕

① 武陵源：相传在今湖南桃源西南，晋时属武陵郡。
② 物外：世外。

鉴赏

这是王维十九岁时写的一首七言乐府诗，题材取自晋陶渊明的叙事散文《桃花源记》。清人吴乔在《围炉诗话》中曾说："意思，犹五谷也。文，则炊而为饭；诗，则酿而为酒也。"好的诗应当像醇酒，读后能令人陶醉。因此，要将散文的内容改用诗歌表现出来，绝不仅仅是一个改变语言形式的问题，还必须进行艺术再创造。王维这首《桃源行》，正是由于成功地进行了这种艺术上的再创造，因而具有独立的艺术价值，得以与散文《桃花源记》并世流传。

《桃源行》所进行的艺术再创造，主要表现在开拓诗的意境；而这种诗的意境，又主要通过一幅幅形象的画面体现出来。

诗一开始，就展现了一幅"渔舟逐水"的生动画面：远山近水，红树青溪，一叶渔舟，在夹岸的桃花林中悠悠行进。诗人用艳丽的色调，绘出了一派大好春光，为渔人"坐看红树""行尽青溪"作了铺陈。这里，绚烂的景色和盎然的意兴融成一片优美的诗的境界，而事件的开端也蕴含其中了。散文中所必不可少的交代："晋太元中，武陵人捕鱼为业，缘溪行，忘路之远近……"在诗中都成了酿"酒"的原材料，化为言外意、画外音，让读者自己去想象、去体会了。在画面与画面之间，诗人巧妙地用一些概括性、过渡性的描叙，来牵引联结，并提供线索，引导着读者的想象，循着情节的发展向前推进。“山口”“山开”两句，便起到了这样的作用。它通过概括描叙，使读者想象到渔人弃舟登岸、进入幽曲的山口蹑足潜行，到眼前豁然开朗、发现桃源的经过。这样，读者的想象便跟着进入了桃源，被自然地引向下一幅画面。这时，桃源的全景呈现在人们面前了：远处高大的树木像是攒聚在蓝天白云里，近处满眼则是遍生于千家的繁花、茂竹。这两句，由远及近，云、树、花、竹，相映成趣，美不胜收。画面中，透出了和平、恬静的气氛和欣欣向荣的生机，让你驰骋想象，去领悟，去意会，去思而得之，而所谓诗的韵致、“酒”的醇味，也就蕴含其中了。接着，我们又可以想象到，渔人一步步进入这幅图画，开始见到了其中的人物。“樵客初传汉姓名，居人未改秦衣服”，写出了桃源中人发现外来客的惊奇和渔人乍见“居人”所感到服饰上的明显不同，隐括了散文中“不知有汉，无论魏晋”的意思。

中间十二句，是全诗的主要部分。“居人共住武陵源”，承上而来，另起一层意思，然后点明这是“物外起田园”。接着，便连续展现了桃源中一幅幅景物画面和生活画面。月光，松影，房栊沉寂，桃源之夜一片静谧；太阳，云彩，鸡鸣犬吠，桃源之晨一片喧闹。两幅画面，各具情趣。夜景全是静物，晨景全取动态，充满着诗情画意，表现出王维独特的艺术风格。渔人，这位不速之客的闯入，自然也使桃源中人感到意外。“惊闻”二句也是一幅形象的画面，不过画的不是景物而是人物。“惊”“争”“集”“竞”“问”等一连串动词，把人们的神色动态和感情心理刻画得活灵活现，表现出桃源中人淳朴、热情的性格和对故土的关心。“平明”二句进一步描写桃源的环境和生活之美好。“扫花开”“乘水入”，紧扣住了桃花源景色的特点。“初因避地去人间，及至成仙遂不还”两句叙事，追述了桃源的来历;“峡里谁知有人事,世间遥望空云山”,在叙事中夹入情韵悠长的咏叹,文势活跃多姿。

最后一层,诗的节奏加快。作者紧紧扣住人物的心理活动,将渔人离开桃源、怀念桃源、再寻桃源以及峰壑变幻、遍寻不得、怅惘无限这许多内容,一口气抒写下来,情、景、事在这里完全融合在一起了。“不疑”六句,在叙述过程中,对渔人轻易离开“灵境”流露了惋惜之意,对云山路杳的“仙源”则充满了向往之情。然而,时过境迁,旧地难寻,桃源何处?这时,只剩下了一片迷惘。最后四句,作为全诗的尾声,与开头遥相照应。开头是无意迷路而偶从迷中得之,结尾则是有意不迷而反从迷中失之,令人感喟不已!“春来遍是桃花水”,诗笔飘忽,意境迷茫,给人留下了无穷的回味。

试将这首《桃源行》诗与陶渊明《桃花源记》作比较,可以说二者都很出色,各有特点。散文长于叙事,讲究文理文气,故事有头有尾,时间、地点、人物、事件都交代得具体清楚。而这些,在诗中都没有具体写到,却又使人可以从诗的意境中想象到。诗中展现的是一个个画面,造成诗的意境,调动读者的想象力,去想象、玩味那画面以外的东西,并从中获得一种美的感受。这就是诗之所以为诗吧。

王维这诗中把桃源说成“灵境”“仙源”,今人多有非议。其实,诗中的“灵境”,也有云、树、花、竹、鸡犬、房舍以及闾巷、田园,桃源中人也照样日出而作,日落而息,处处洋溢着人间田园生活的气息。它反映了王维青年时代美好的生活理想,其主题思想,与散文《桃花源记》应当说基本上是一致的。

这首诗通过形象的画面来开拓诗境,可以说,是王维“诗中有画"的特色在早年作品中的反映。此外,全诗三十二句,四句或六句一换韵,平仄相间,转换有致。诗的笔力舒健,从容雅致,游刃有余,颇为后人称道。清人王士禛说:"唐宋以来,作《桃源行》最佳者,王摩诘(维)、韩退之(愈)、王介甫(安石)三篇。观退之、介甫二诗,笔力意思甚可喜。及读摩诘诗,多少自在;二公便如努力挽强,不免面红耳热。此盛唐所以高不可及。"(《池北偶谈》)这"多少自在"四字,便是极高的评价。清人翁方纲也极口推崇道:这首诗"古今咏桃源事者,至右丞而造极"(《石洲诗话》)。可谓定评。

(刘德重)

辋川闲居赠裴秀才迪

原文

寒山转苍翠，秋水日潺湲。
倚杖柴门外，临风听暮蝉。
渡头余落日，墟里上孤烟。
复值接舆醉，狂歌五柳前。

鉴赏

《新唐书·王维传》："别墅在辋川，地奇胜。……与裴迪游其中，赋诗相酬为乐。"这首诗即与裴迪相酬为乐之作。

这是一首诗、画、音乐完美结合的五律。首联和颈联写景，描绘辋川附近山水田园的深秋暮色；颔联和尾联写人，刻画诗人和裴迪两个隐士的形象。风光人物，交替行文，相映成趣，形成物我一体、情景交融的艺术境界，抒写诗人的闲居之乐和对友人的真切情谊。

"寒山转苍翠，秋水日潺湲。"首联写山中秋景。时在水落石出的寒秋，山间泉水不停歇地潺潺作响；随着天色向晚，山色也变得更加苍翠。不待颔联说出"暮"字，已给人以时近黄昏的印象。

“转”和“日”用得巧妙。转苍翠，表示山色愈来愈深，愈来愈浓；山是静止的，着一“转”字，便凭借颜色的渐变而写出它的动态。日潺湲，就是日日潺湲，每日每时都在喧响；水是流动的，用一“日”字，却令人感觉它始终如一的守恒。寥寥十字，勾勒出一幅有色彩，有音响，动静结合的画面。

“渡头余落日，墟里上孤烟。”颈联写原野暮色。夕阳欲落，炊烟初升，这是田野黄昏的典型景象。渡头在水，墟里在陆；落日属自然，炊烟属人事：景物的选取是很见匠心的。“墟里上孤烟”，显系从晋陶渊明“暧暧远人村，依依墟里烟”（《归田园居之一》）点化而来。但陶句是拟人化地表现远处村落上方炊烟萦绕、不忍离去的情味，王句却是用白描手法表现黄昏第一缕炊烟袅袅升到半空的景象，各有各的形象，各有各的意境。这一联是王维修辞的名句，历来被人称道。“渡头余落日”，精确地剪取落日行将与水面相切的一瞬间，富有包孕地显示了落日的动态和趋向，在时间和空间上都为读者留下想象的余地。“墟里上孤烟”，写的也是富有包孕的片刻。“上”字，不仅写出炊烟悠然上升的动态，而且显示已经升到相当的高度。

首、颈两联，以寒山、秋水、落日、孤烟等富有季节和时间特征的景物，构成一幅和谐静谧的山水田园风景画。但这风景并非单纯的孤立的客观存在，而是画在人眼里，人在画图中，一景一物都经过诗人主观的过滤而带上了感情色彩。

那么，诗人的形象是怎样的呢？请看颔联：“倚杖柴门外，临风听暮蝉。”这就是诗人的形象。柴门，表现隐居生活和田园风味；倚杖，表现年事已高和意态安闲。柴门之外，倚杖临风，听晚树鸣蝉、寒山泉水，看渡头落日、墟里孤烟，那安逸的神态，潇洒的闲情，和“策扶老以流憩，时矫首而遐观”(《归去来兮辞》)的陶渊明不是有几分相似吗？

事实上，王维对那位“古今隐逸诗人之宗”，也是十分仰慕的，就在这首诗中，不仅仿效了陶的诗句，而且在尾联引用了陶的典故：“复值接舆醉，狂歌五柳前。”陶文《五柳先生传》的主人公，是一位忘怀得失、诗酒自娱的隐者，“宅边有五柳树，因以为号焉”。实则这位先生正是陶渊明的自我写照；而王维自称五柳，就是以陶渊明自况的。接舆，是春秋时代“凤歌笑孔丘”的楚国狂士，诗人把沉醉狂歌的裴迪与楚狂接舆相比，乃是对这位年轻朋友的赞许。陶渊明与接舆——王维与裴迪，个性虽大不一样，但那超然物外的心迹却是相近相亲的。所以，“复值接舆醉”的“复”字，不表示又一次遇见裴迪，而是表示诗人情感的加倍和进层：既赏佳景，更遇良朋，辋川闲居之乐，至于此极啊！末联生动地刻画了裴迪的狂士形象，表明了诗人对他的由衷的好感和欢迎，诗题中的“赠”字，也便有了着落。

颔联和尾联，对两个人物形象的刻画，也不是孤立进行，而是和景物描写密切结合的。柴门、暮蝉、晚风、五柳，有形无形，有声无声，都是写景。五柳，虽是典故，但对王维说来，模仿陶渊明笔下的人物，植五柳于柴门之外，不也是自然而然的吗？

(赵庆培)

酬张少府

原文

晚年惟好静，万事不关心。
自顾无长策，空知返旧林。
松风吹解带，山月照弹琴。
君问穷通理，渔歌入浦深。

鉴赏

这是一首赠友诗。题目冠以“酬”字，当是张少府先有诗相赠，王维再写此诗为酬。

这首诗，一上来就说，自己人到晚年，唯好清静，对什么事情都漠不关心了。乍一看，生活态度消极之至，但这是表面现象。仔细推求起来，这“惟好静”的“惟”字大有文章。是确实“只”好静呢，还是“动”不了才“只得”好静呢？既云“晚年”，那么中年呢？早年呢？为什么到了晚年变得“惟好静”起来呢？底下三、四两句，透露了个中消息。

王维早年，原也有过政治抱负，在张九龄任相时，他对现实充满希望。然而，没过多久，张九龄罢相贬官，朝政大权落到奸相李林甫手中，忠贞正直之士一个个受到排斥、打击，政治局面日趋黑暗，王维的理想随之破灭。在严酷的现实面前，他既不愿意同流合污，又感到自己无能为力，“自顾无长策”，就是他思想上矛盾、苦闷的反映。他表面上说自己无能，骨子里隐含着牢骚。尽管在李林甫当政时，王维并未受到迫害，实际上还升了官，但他内心的矛盾和苦闷却越来越加深了。出路何在？对于这个正直而又软弱，再加上长期接受佛教影响的封建知识分子来说，自然就只剩下跳出是非圈子，返回旧时的园林归隐这一途了。“空知返旧林”的“空”字，含有“徒然”的意思。理想落空，归隐何益？然而又不得不如此。在他那恬淡好静的外表下，内心深处的隐痛和感慨，还是依稀可辨的。

那么，王维接下来为什么又肯定、赞赏那种“松风吹解带，山月照弹琴”的隐逸生活和闲适情趣呢？联系上面的分析，我们可以体会到，这实际上是他在苦闷之中追求精神解脱的一种表现，既含有消极因素，又含有与官场生活相对照、隐示厌恶与否定官场生活的意味。摆脱了现实政治的种种压力，迎着松林吹来的清风解带敞怀，在山间明月的伴照下独坐弹琴，自由自在，悠然自得，这是多么令人舒心惬意啊！“松风”“山月”均含有高洁之意。王维追求这种隐逸生活和闲适情趣，说他逃避现实也罢，自我麻醉也罢，无论如何，总比同流合污、随波逐流好吧？在前面四句抒写胸臆之后，抓住隐逸生活的两个典型细节加以描绘，展现了一幅鲜明生动的形象画面，将松风、山月都写得似通人意，情与景相生，意和境相谐，主客观融为一体，这就大大增强了诗的形象性。从写诗的艺术技巧上来说，也是很高明的。

最后，“君问穷通理，渔歌入浦深”，回到题目上来，用一问一答的形式，照应了“酬”字；同时，又妙在以不答作答：您要问有关穷通的道理吗？我可要唱着渔歌向河浦的深处逝去了。末句五字，又淡淡地勾出一幅画面，用它来结束全诗，可真有点“韵外之致”“味外之旨”（司空图《与李生论诗书》）的“神韵”呢！这里的“渔歌”，又暗用《楚辞·渔父》的典故：“渔父莞尔而笑，鼓枻而去，乃歌曰：‘沧浪之水清兮，可以濯吾缨；沧浪之水浊兮，可以濯吾足。’遂去，不复与言。”王逸《楚辞章句》注曰：水清“喻世昭明，沐浴升朝廷也”；水浊“喻世昏暗，宜隐遁也”。也就是“天下有道则见，无道则隐”（《论语·泰伯》）的意思。王维避免对当世发表议论，隐约其词，似乎在说：通则显，穷则隐，豁达者无可无不可，何必以穷通为怀呢？而联系上文来看，又似乎在说：世事如此，还问什么穷通之理，不如跟我一块归隐去吧！这就又多少带有一些与现实不合作的意味了。诗的末句，含蓄而富有韵味，耐人咀嚼，发人深思，正是这样一种妙结。

（刘德重）

送梓州李使君

原文

万壑树参天，千山响杜鹃。

山中一夜雨①，树杪百重泉。

汉女输橦布②，巴人讼芋田③。

文翁翻教授，不敢倚先贤。

〔注〕

① 一本作“山中一半雨”。

② 橦(tóng)布：橦木花织成的布，为梓州特产。

③ 芋田：蜀中产芋，当时为主粮之一。

鉴赏

赠别之作，多从眼前景物写起，即景生情，抒发惜别之意。王维此诗，立意则不在惜别，而在劝勉，因而一上来就从悬想着笔，遥写李使君赴任之地梓州(治今四川绵阳市三台县)的自然风光，形象逼真，气韵生动，令人神往。

开头两句互文见义，起得极有气势：万壑千山，到处是参天的大树，到处是杜鹃的啼声。既有视觉形象，又有听觉感受，读来使人恍如置身其间，大有耳目应接不暇之感。这两句气象阔大，神韵俊迈，被后世诗评家引为律诗工于发端的范例。

首联从大处落笔，起势不凡；颔联则从细处着墨，承接尤佳，不愧大家手笔。诗人展现了一幅绝妙的奇景：一夜透雨过后，山间飞泉百道，远远望去，好似悬挂在树梢上一般，充分表现出山势的高峻突兀和山泉的雄奇秀美。“山中”句承首联“山”字，“树杪”句承首联“树”字，两句又一泻而下，天然工巧。这两联挺拔流动，自然奇妙，画面、意境、气势、结构、语言俱佳。前人所谓“起四句高调摩云”（高步瀛《唐宋诗举要》引纪昀语），“兴来神来，天然入妙，不可凑泊”（清王士禛《古夫于亭杂录》），诚非虚夸。

作者以欣羡的笔调描绘蜀地山水景物之后，诗的后半首转写蜀中民情和使君政事。梓州是少数民族聚居之地，那里的妇女，按时向官府交纳用橦木花织成的布匹；蜀地产芋，那里的人们又常常会为芋田发生诉讼。“汉女”“巴人”“橦布”“芋田”，处处紧扣蜀地特点，而征收赋税，处理讼案，又都是李使君就任梓州刺史以后所掌管的职事，写在诗里，非常贴切。最后两句，运用有关治蜀的典故。“文翁”是汉景帝时的蜀郡太守，他曾兴办学校，教育人才，使蜀郡“由是大化”（《汉书·循吏传》）。王维以此勉励李使君，希望他效法文翁，翻新教化，而不要倚仗文翁等先贤原有的政绩，泰然无为。联系上文来看，既然蜀地环境如此之美，民情风土又如此之淳，到那里去当刺史，自然更应当恪尽职事，有所作为。寓劝勉于用典之中，寄厚望于送别之时，委婉而得体。

这首赠别诗写得很有特色。前半首悬想梓州山林奇胜，是切地；颈联叙写蜀中民风，是切事；尾联用典，以文翁拟李使君，官同事同，是切人。这样写来，神完气足，精当不移。诗中所表现的情绪积极开朗，格调高远，是唐代送别佳篇。

（刘德重）

过香积寺

原文

不知香积寺，数里入云峰。
古木无人径，深山何处钟。
泉声咽危石，日色冷青松。
薄暮空潭曲，安禅制毒龙。

鉴赏

诗题《过香积寺》的“过”，与孟浩然《过故人庄》的“过”相同，意谓“访问”“探望”。

既是去访香积寺，却又从“不知”说起；“不知”而又要去访，见出诗人的洒脱不羁。因为“不知”，诗人便步入茫茫山林中去寻找，行不数里就进入白云缭绕的山峰之下。此句正面写人入云峰，实际映衬香积寺之深藏幽邃。还未到寺，已是如此云封雾罩，香积寺之幽远可想而知矣。

接着四句，是写诗人在深山密林中的目见和耳闻。先看三、四两句。古树参天的丛林中，杳无人迹；忽然又飘来一阵隐隐的钟声，在深山空谷中回响，使得本来就很寂静的山林又蒙上了一层迷惘、神秘的情调，显得越发安谧。“何处”二字，看似寻常，实则绝妙：山深林密，使人不觉钟声从何而来，只有“嗡嗡”的声音在四周缭绕；这与上句的“无人”相应，又暗承首句的“不知”。有小径而无人行，听钟鸣而不知何处，再衬以周遭参天的古树和层峦叠嶂的群山。这是多么荒僻而又幽静的境界！

五、六两句，仍然意在表现环境的幽冷，而手法和上两句不同。诗人以倒装句，突出了入耳的泉声和触目的日色。“咽”字在这里下得极为准确、生动：山中危石耸立，流泉自然不能轻快地流淌，只能在嶙峋的岩石间艰难地穿行，仿佛痛苦地发出幽咽之声。诗人用“冷”来形容“日色”，岂不谬哉？然而仔细玩味，这个“冷”字实在太妙了。夕阳西下，昏黄的余晖涂抹在一片幽深的松林上，这情状，岂能不“冷”？

诗人涉荒穿幽，直到天快黑时才到香积寺，看到了寺前的水潭。“空潭”之“空”不能简单地理解为“什么也没有”。王维诗中常用“空”字，如“空山不见人”(《鹿柴》)、“空山新雨后”(《山居秋暝》)、“夜静春山空”(《鸟鸣涧》)之类，都含有宁静的意思。暮色降临，面对空阔幽静的水潭，看着澄清透彻的潭水，再联系到寺内修行学佛的僧人，诗人不禁想起佛教的故事：在西方的一个水潭中，曾有一毒龙藏身，累累害人。佛门高僧以无边的佛法制服了毒龙，使其离潭他去，永不伤人。佛法可以制毒龙，亦可以克制世人心中的欲念啊。“安禅”为佛家术语，即安静地打坐，在这里指佛家思想。“毒龙”用以比喻世俗人的欲望。

王维晚年诗笔常带有一种恬淡宁静的气氛。这首诗，就是以他沉湎于佛学的恬静心境，描绘出山林古寺的幽邃环境，从而造成一种清高幽僻的意境。近代王国维谓“一切景语皆情语也”（《人间词话》）。这首诗的前六句纯乎写景，然无一处不透露诗人的心情，可以说，王维是把“晚年惟好静”（《酬张少府》）的情趣融化到所描写的景物中去的了。因此最后“安禅制毒龙”，便是诗人心迹的自然流露。

诗采用由远到近、由景入情的写法，从“入云峰”到“空潭曲”逐步接近香积寺，最后则吐露“安禅制毒龙”的情思。这中间过渡毫无痕迹，浑然天成。诗人描绘幽静的山林景色，并不一味地从寂静无声上用力，反而着意写了隐隐的钟声和呜咽的泉声；这钟声和泉声非但没有冲淡整个环境的平静，反而增添了深山丛林的僻静之感。这就是通常所讲的“鸟鸣山更幽”的境界吧。

（唐永德）

山居秋暝

原文

空山新雨后，天气晚来秋。
明月松间照，清泉石上流。
竹喧归浣女，莲动下渔舟。
随意春芳歇，王孙自可留。

鉴赏

这首山水名篇，于诗情画意之中寄托着诗人高洁的情怀和对理想境界的追求。

“空山新雨后，天气晚来秋。”诗中明明写有浣女渔舟，诗人怎下笔说是“空山”呢？原来山中树木繁茂，掩盖了人们活动的痕迹，正所谓“空山不见人，但闻人语响”(《鹿柴》)啊！又由于这里人迹罕至，“峡里谁知有人事，世中遥望空云山”(《桃源行》)，一般人自然不知山中有人了。“空山”二字点出此处有如世外桃源。山雨初霁，万物为之一新，又是初秋的傍晚，空气之清新，景色之美妙，可以想见。

“明月松间照，清泉石上流。”天色已暝，却有皓月当空；群芳已谢，却有青松如盖。山泉清冽，淙淙流泻于山石之上，有如一条洁白无瑕的素练，在月光下闪闪发光，多么幽清明净的自然美啊！王维的《济上四贤咏》曾经称赞两位贤隐士的高尚情操，谓其“息阴无恶木，饮水必清源”。诗人自己也是这种心志高洁的人，他曾说：“宁栖野树林，宁饮涧水流。不用坐粱肉，崎岖见王侯。”（《献始兴公》）这月下青松和石上清泉，不正是他所追求的理想境界吗？这两句写景如画，随意挥洒，毫不着力。像这样又动人又自然的写景，达到了艺术上炉火纯青的地步，非一般人所能学到。

“竹喧归浣女，莲动下渔舟。”竹林里传来了一阵阵的歌声笑语，那是一些天真无邪的姑娘们洗罢衣服笑逐着归来了；亭亭玉立的荷叶纷纷向两旁披分，掀翻了无数珍珠般晶莹的水珠，那是顺流而下的渔舟划破了荷塘月色的宁静。在这青松明月之下，在这翠竹青莲之中，生活着这样一群无忧无虑、勤劳善良的人们。这纯洁美好的生活图景，反映了诗人过安静纯朴生活的理想，同时也从反面衬托出他对污浊官场的厌恶。这两句写得很有技巧，而用笔不露痕迹，使人不觉其巧。诗人先写“竹喧”“莲动”，因为浣女隐在竹林之中，渔舟被莲叶遮蔽，起初未见，等到听到竹林喧声，看到莲叶纷披，才发现浣女、莲舟。这样写更富有真情实感，更富有诗意。

诗的中间两联同是写景，而各有侧重。颔联侧重写物，以物芳而明志洁；颈联侧重写人，以人和而望政通。同时，二者又互为补充，泉水、青松、翠竹、青莲，可以说都是诗人高尚情操的写照，都是诗人理想境界的环境烘托。

既然诗人是那样地高洁，而他在那貌似“空山”之中又找到了一个称心的世外桃源，所以就情不自禁地说“随意春芳歇，王孙自可留"! 本来,《楚辞·招隐士》说:"王孙兮归来,山中兮不可久留!"诗人的体会恰好相反,他觉得"山中"比"朝中"好,洁净纯朴,可以远离官场而洁身自好,所以就决然归隐了。

这首诗一个重要的艺术手法,是以自然美来表现诗人的人格美和一种理想中的社会之美。表面看来,这首诗只是用"赋"的方法模山范水,对景物作细致感人的刻画,实际上通篇都是比兴。诗人通过对山水的描绘寄慨言志,含蕴丰富,耐人寻味。

(傅如一)

终南别业

原文

中岁颇好道，晚家南山陲。
兴来每独往，胜事空自知。
行到水穷处，坐看云起时。
偶然值林叟，谈笑无还期。

鉴赏

王维晚年官至尚书右丞，职务可谓不小。其实，由于政局变化反复，他早已看到仕途的艰险，便想超脱这个烦扰的尘世。他吃斋奉佛，悠闲自在，大约四十岁后，就开始过着亦官亦隐的生活。这首诗描写的，就是那种自得其乐的闲适情趣。

开头两句“中岁颇好道，晚家南山陲”，叙述自己中年以后即厌尘俗，而信奉佛教。“晚”是晚年；“南山陲”指辋川别墅所在地。此处原为宋之问别墅，王维得到这个地方后，完全被那里秀丽、寂静的田园山水陶醉了。他在《山中与裴秀才迪书》的信中说：

足下方温经，猥不敢相烦。辄便往山中，憩感配寺，与山僧饭讫而去。北涉玄灞,清月映郭。夜登华子冈,辋水沦涟,与月上下。寒山远火,明灭林外。深巷寒犬,吠声如豹。村墟夜舂,复与疏钟相间。此时独坐,僮仆静默,多思曩昔携手赋诗,步仄径,临清流也。

从这段描述,我们就可知道诗中第二联"兴来每独往,胜事空自知"中透露出来的闲情逸致了。上一句"独往",写出诗人的勃勃兴致;下一句"自知",又写出诗人欣赏美景时的乐趣。诗人同调无多,兴致来时,惟有独游,赏景怡情,能自得其乐,随处若有所得,不求人知,自己心会其趣而已。

第三联,即言"胜事自知"。"行到水穷处",是说随意而行,走到哪里算哪里,然而不知不觉,竟来到流水的尽头,看是无路可走了,于是索性就地坐了下来……

"坐看云起时",是心情悠闲到极点的表示。云本来就给人以悠闲的感觉,也给人以无心的印象,因此晋陶潜才有"云无心以出岫"(《归去来兮辞》)的话。通过这一"行"、一"到"、一"坐"、一"看"的描写,诗人此时心境的闲适也就明白揭出了。此二句深为后代诗家赞赏。近人俞陛云说:"行至水穷,若已到尽头,而又看云起,见妙境之无穷。可悟处世事变之无穷,求学之义理亦无穷。此二句有一片化机之妙。"(《诗境浅说》)这是很有见地的。再从艺术上看,这二句诗真是诗中有画,天然便是一幅山水画。毋怪《宣和画谱》指出:"'行到水穷处,坐看云起时'及'白云回望合,青霭入看无'之类,以其句法,皆所画也。"

最后一联"偶然值林叟,谈笑无还期",突出了"偶然"二字。其实不止遇见这林叟是出于偶然,本来出游便是乘兴而去,带有偶然性;"行到水穷处"自然又是偶然。"偶然"二字实在是贯穿上下,成为此次出游的一个特色。而且正因处处偶然,所以处处都是"无心的遇合",更显出心中的悠闲,如行云自由翱翔,如流水自由流淌,形迹毫无拘束。它写出了诗人那种天性淡逸,超然物外的风采,对于我们了解王维的思想是有认识意义的。

（刘逸生）

归嵩山作

原文

清川带长薄[1]，车马去闲闲。

流水如有意，暮禽相与还。

荒城临古渡，落日满秋山。

迢递嵩高下，归来且闭关。

〔注〕

① 长薄：绵延的草木丛，草木丛生曰薄。

鉴赏

这首诗写作者辞官归隐途中所见的景色和心情。嵩山，古称“中岳”，在今河南登封市北。

“清川带长薄，车马去闲闲。”首联描写归隐出发时的情景，扣题目中的“归”字。清澈的河川环绕着一片长长的草木丛生的草泽地，离归的车马缓缓前进，显得那样从容不迫。这里所写望中景色和车马动态，都反映出诗人归山出发时一种安详闲适的心境。

中间四句进一步描摹归隐路途中的景色。第三句“流水如有意”承“清川”，第四句“暮禽相与还”承“长薄”，这两句又由“车马去闲闲”直接发展而来。这里移情及物，把“流水”和“暮禽”都拟人化了，仿佛它们也富有人的感情：河川的清水在汩汩流淌，傍晚的鸟儿飞回绵延茂盛的草木丛中去栖息，它们好像在和诗人结伴而归。两句表面上是写“水”和“鸟”有情，其实还是写作者自己有情：一是体现诗人归山开始时悠然自得的心情，二是寓有作者的寄托。“流水”句比喻一去不返的意思，表示自己归隐的坚决态度；“暮禽”句包含“鸟倦飞而知还”之意，流露出自己退隐的原因是对现实政治的失望、厌倦。所以此联也不是泛泛地写景，而是景中有情，言外有意的。

“荒城临古渡，落日满秋山。”这一联运用的还是寓情于景的手法。两句十个字，写了四种景物——荒城、古渡、落日、秋山，构成了一幅具有季节、时间、地点特征而又色彩鲜明的图画：荒凉的城池临靠着古老的渡口，落日的余晖洒满了萧飒的秋山。这是傍晚野外的秋景图，是诗人在归隐途中所看到的充满黯淡凄凉色彩的景物，对此加以渲染，正反映了诗人感情上的波折变化，衬托出作者越接近归隐地就越发感到凄清的心境。

“迢递嵩高下，归来且闭关。”“迢递”是形容山高远的样子，对山势作了简练而又形象的描写。“嵩高”，即嵩山。前句交代归隐的地点，点出题目中的“嵩山”二字。“归来”，写明归山过程的终结，点出题目中的“归”字。“闭关”，不仅指关门的动作，而且含有闭门谢客的意思。后句写归隐后的心情，表示要与世隔绝，不再过问社会人事，最终点明辞官归隐的宗旨，这时感情又趋向冲淡平和。

整首诗写得很有层次。随着诗人的笔端，既可领略归山途中的景色移换，也可隐约触摸到作者感情的细微变化：由安详从容，到凄清悲苦，再到恬静淡泊。说明作者对辞官归隐既有闲适自得，积极向往的一面，也有愤激不平，无可奈何而求之的一面。诗人随意写来，不加雕琢，可是写得真切生动，含蓄隽永，不见斧凿的痕迹，却又有精巧蕴藉之妙。清沈德潜说："写人情物性，每在有意无意间。"(《唐诗别裁集》)元方回说："不求工而未尝不工。"(《瀛奎律髓》)正道出了这首诗不工而工，恬淡清新的特点。

（吴小林）

终南山

原文

太乙近天都，连山接海隅。
白云回望合，青霭入看无。
分野中峰变，阴晴众壑殊。
欲投人处宿，隔水问樵夫。

鉴赏

艺术创作，贵在以个别显示一般，以不全求全，刘勰所谓“以少总多”，古代画论家所谓“意余于象”，都是这个意思。作为诗人兼画家的王维，很懂得此中奥秘，因而能用只有四十个字的一首五言律诗，为偌大一座终南山传神写照。

首联“太乙近天都，连山接海隅”，先用夸张手法勾画了终南山的总轮廓。这个总轮廓，只能得之于遥眺，而不能得之于逼视。所以，这一联显然是写远景。

“太乙”是终南山的别称。终南虽高，去天甚遥，说它“近天都”，当然是艺术夸张。但这是写远景，从平地遥望终南，其顶峰的确与天连接，因而说它“近天都”，正是以夸张写真实。“连山接海隅”也是这样。终南山西起甘肃天水，东止河南陕县（今三门峡市陕州区），远远未到海隅。说它“接海隅”，固然不合事实，说它“与他山连接不断，直到海隅”，又何尝不符合事实？然而这是写远景，从长安遥望终南，西边望不到头，东边望不到尾。用“连山接海隅”写终南远景，虽夸张而愈见真实。

次联写近景，“白云回望合”一句，“回望”既与下句“入看”对偶，则其意为“回头望”，王维写的是入终南山而“回望”，望的是刚走过的路。诗人身在终南山中，朝前看，白云弥漫，看不见路，也看不见其他景物，仿佛再走几步，就可以浮游于白云的海洋；然而继续前进，白云却继续分向两边，可望而不可即；回头看，分向两边的白云又合拢来，汇成茫茫云海。这种奇妙的境界，凡有游山经验的人都并不陌生，而除了王维，又有谁能够只用五个字就表现得如此真切呢？

“青霭入看无”一句，与上句“白云回望合”是“互文”，它们交错为用，相互补充。诗人走出茫茫云海，前面又是蒙蒙青霭，仿佛继续前进，就可以摸着那青霭了；然而走了进去，却不但摸不着，而且看不见；回过头去，那青霭又合拢来，蒙蒙漫漫，可望而不可即。

这一联诗，写烟云变灭，移步换形，极富含孕。即如终南山中千岩万壑，苍松古柏，怪石清泉，奇花异草，值得观赏的景物还多，一切都笼罩于茫茫“白云”、蒙蒙“青霭”之中，看不见，看不真切。唯其如此，才更令人神往，更急于进一步“入看”。另一方面，已经看见的美景仍然使人留恋，不能不“回望”，“回望”而“白云”“青霭”俱“合”，则刚才呈现于眉睫之前的景物或笼以青纱，或裹以冰绡，由清晰而朦胧，由朦胧而隐没，更令人回味无穷。这一切，诗人都没有明说，但他却在已经勾画出来的“象”里为我们留下了驰骋想象的广阔天地。

第三联高度概括，尺幅万里。首联写出了终南山的高和从西到东的远，这是从山北遥望所见的景象。至于终南从北到南的阔，则是用“分野中峰变”一句来表现。游山而有“分野中峰变”的认识，则诗人立足“中峰”，纵目四望之状已依稀可见。终南山东西之绵远如彼，南北之辽阔如此，只有立足于“近天都”的“中峰”，才能收全景于眼底；而“阴晴众壑殊”，就是尽收眼底的全景。所谓“阴晴众壑殊”，当然不是指“东边日出西边雨”，而是以阳光的或浓或淡、或有或无来表现千岩万壑的千形万态。

对于尾联，历来有不同的理解、不同的评价。有些人认为它与前三联不统一、不相称，从而持否定态度。清王夫之辩解说：“‘欲投人处宿，隔水问樵夫’，则山之辽廓荒远可知，与上六句初无异致，且得宾主分明，非独头意识悬相描摹也。”（《姜斋诗话》卷二）清沈德潜也说：“或谓末二句与通体不配。今玩其语意，见山远而人寡也，非寻常写景可比。”（《唐诗别裁集》）

这些意见都不错，然而“玩其语意”，似乎还可以领会到更多的东西。第一，“欲投人处宿”这个句子分明有个省略了的主语“我”，因而有此一句，便见得“我”在游山，句句有“我”，处处有“我”，以“我”观物，因景抒情。第二，“欲投人处宿”而要“隔水问樵夫”，则“我”还要留宿山中，明日再游，而山景之赏心悦目，诗人之避喧好静，也不难于言外得之。第三，诗人既到“中峰”，则“隔水问樵夫”的“水”实际上是深沟大涧；那么，他怎么会发现那个“樵夫”呢？“樵夫”必砍樵，就必然有树林，有音响。诗人寻声辨向，从“隔水”的树林里欣然发现樵夫的情景，不难想见。既有

"樵夫",则知不太遥远的地方必然有"人处",因而问何处可以投宿,"樵夫"口答手指,诗人侧首遥望的情景,也不难想见。

总起来看,这首诗的主要特点和优点是善于"以不全求全",从而收到了"以少总多""意余于象"的艺术效果。

（霍松林）

观猎

原文

风劲角弓鸣，将军猎渭城。
草枯鹰眼疾，雪尽马蹄轻。
忽过新丰市，还归细柳营。
回看射雕处，千里暮云平。

鉴赏

诗题一作《猎骑》。从诗篇遒劲有力的风格看，当是王维前期作品。诗的内容不过是一次普通的狩猎活动，却写得激情洋溢，豪兴遄飞。至于其艺术手法，几令清人沈德潜叹为观止："章法、句法、字法俱臻绝顶。盛唐诗中亦不多见。"（《唐诗别裁集》）

诗开篇就是"风劲角弓鸣"，未及写人，先全力写其影响：风呼，弦鸣。风声与角弓（用角装饰的硬弓）声彼此相应：风之劲由弦的震响听出；弦鸣声则因风而益振。"角弓鸣"三字已带出"猎"意，能使人去想象那"马作的卢飞快，弓如霹雳弦惊"（宋辛弃疾《破阵子》）的射猎场面。劲风中射猎，该具备何等手眼！这又唤起读者对猎手的悬念。待声势俱足，才推出射猎主角来："将军猎渭城。"将军的出现，恰合读者的期待。这发端的一笔，胜人处全在突兀，能先声夺人，"如高山坠石，不知其来，令人惊绝"（清方东树语）。两句"若倒转便是凡笔"（《唐诗别裁集》）。

渭城为秦时咸阳故城，在长安西北，渭水北岸。其时平原草枯，积雪已消，冬末的萧条中略带一丝儿春意。"草枯""雪尽"四字如素描一般简洁、形象，颇具画意。"鹰眼"因"草枯"而特别锐利，"马蹄"因"雪尽"而绝无滞碍，颔联体物极为精细。三句不言鹰眼"锐"而言眼"疾"，意味猎物很快被发现，紧接以"马蹄轻"三字则见猎骑迅速追踪而至。"疾""轻"下字俱妙。两句使人联想到南朝宋鲍照写猎名句："兽肥春草短，飞鞚越平陆。"（《拟古》）但这里发现猎物进而追击的意思是明写在纸上的，而王维却将同一层意思隐然句下，使人寻想，便觉诗味隽永。三、四句初读似各表一意，对仗铢两悉称；细绎方觉意脉相承，实属"流水对"。如此精妙的对句，实不多见。

以上写出猎，只就"角弓鸣""鹰眼疾""马蹄轻"三个细节点染，不写猎获的场面。一则由于猎获之意见于言外；二则射猎之乐趣，远非实际功利所可计量，只就猎骑英姿与影响写来自佳。

颈联紧接"马蹄轻"而来，意思却转折到罢猎还归。虽转折而与上文意脉不断，自然流走。"新丰市"故址在今陕西西安市临潼区，"细柳营"在今陕西西安市长安区，两地相隔七十余里。此二地名俱见《汉书》，诗人兴会所至，一时汇集，典雅有味，原不必指实。言"忽过"，言"还归"，则见返营驰骋之疾速，真有瞬息"千里"之感。"细柳营"本是汉代周亚夫屯军之地，用来就多一重意味，似谓诗中狩猎的主人公亦具名将之风度，与其前面射猎时意气风发、飒爽英姿，形象正相吻合。这两句连上两句，既生动描写了猎骑情景，又真切表现了主人公的轻快感觉和喜悦心情。

写到猎归，诗意本尽。尾联却更以写景作结，但它所写非营地景色，而是遥遥“回看”向来行猎处之远景，已是“千里暮云平”。此景遥接篇首。首尾不但彼此呼应，而且适成对照：当初是风起云涌，与出猎紧张气氛相应；此时是风定云平，与猎归后踌躇容与的心境相称。写景俱是表情，于景的变化中见情的消长，堪称妙笔。“回看”句语有出典，《北史·斛律光传》载北齐斛律光校猎时，于云表见一大鸟，射中其颈，形如车轮，旋转而下，乃是一雕，因被人称为“射雕手”。此言“射雕处”，有暗示将军的膂力强、箭法高之意。诗的这一结尾摇曳生姿，饶有余味。

综观全诗，半写出猎，半写猎归，起得突兀，结得意远；中两联一气流走，承转自如，有格律束缚不住的气势，又能首尾回环映带，体合五律，这是章法之妙。诗中藏三地名而使人不觉，用典浑化无迹，写景俱能传情，至如三、四句既穷极物理又意见于言外，这是句法之妙。“枯”“尽”“疾”“轻”“忽过”“还归”，遣词用字准确锤炼，咸能照应，这是字法之妙。所有这些手法，又都妙能表达诗中人生气远出的意态与豪情。所以，此诗完全当得起盛唐佳作的称誉。

（周啸天）

汉江临泛[1]

原文

楚塞三湘[2]接，荆门九派[3]通。

江流天地外，山色有无中。

郡邑浮前浦，波澜动远空。

襄阳好风日，留醉与山翁。

〔注〕

① 元方回《瀛奎律髓》题作《汉江临眺》。汉江：即汉水。

② 楚塞：指古代楚国地界。三湘：湘水合漓水称漓湘，合蒸水称蒸湘，合潇水称潇湘，故又称三湘。

③ 荆门：在今湖北荆门南。九派：九条支流。《文选》郭璞《江赋》："流九派于浔阳。"李善注引应劭《汉书》注："江自庐江浔阳分为九。"

鉴赏

这首《汉江临泛》可谓王维融画法入诗的力作。

"楚塞三湘接，荆门九派通"，语工形肖，一笔勾勒出汉江雄浑壮阔的景色，作为画幅的背景。泛舟江上，纵目远望，只见莽莽古楚之地和从湖南方面奔涌而来的"三湘"之水相连接，汹涌汉江入荆江而与长江九派汇聚合流。诗虽未点明汉江，但足以使人想象到汉江横卧楚塞而接"三湘"、通"九派"的浩渺水势。诗人将不可目击之景，予以概写总述，收漠漠平野于纸端，纳浩浩江流于画边，为整个画面渲染了气氛。

“江流天地外，山色有无中”，以山光水色作为画幅的远景。汉江滔滔远去，好像一直涌流到天地之外去了，两岸重重青山，迷迷濛濛，时隐时现，若有若无。前句写出江水的流长邈远，后句又以苍茫山色烘托出江势的浩瀚空阔。诗人着墨极淡，却给人以伟丽新奇之感，其效果远胜于重彩浓抹的油画和色调浓丽的水彩。而其“胜”，就在于画面的气韵生动。难怪王世贞说：“江流天地外，山色有无中，是诗家俊语，却入画三昧。”说得很中肯。首联写众水交流，密不间发，此联开阔空白，疏可走马，画面上疏密相间，错综有致。

接着，诗人的笔墨从“天地外”收拢，写出眼前波澜壮阔之景：“郡邑浮前浦，波澜动远空。”这里，诗人笔法飘逸流动。明明是所乘之舟上下波动，却说是前面的城郭在水面上浮动；明明是波涛汹涌，浪拍云天，却说成天空也为之摇荡起来。诗人故意用这种动与静的错觉，进一步渲染了磅礴水势。“浮”“动”两个动词下得极妙，使诗人笔下之景都动起来了。

“襄阳好风日，留醉与山翁。”山翁，即山简，晋人。《晋书·山简传》说他曾任征南将军，镇守襄阳。当地习氏的园林，风景很好，山简常到习家池上大醉而归。诗人要与山简共谋一醉，流露出对襄阳风物的热爱之情。此情也融合在前面的景色描绘之中，充满了积极乐观的情绪。

这首诗给我们展现了一幅色彩素雅、格调清新、意境优美的水墨山水画。画面布局，远近相映，疏密相间，加之以简驭繁，以形写意，轻笔淡墨，又融情于景，情绪乐观，这就给人以美的享受。

王维同时代的殷璠在《河岳英灵集》中说:“维诗词秀调雅,意新理惬,在泉为珠,着壁成绘。”此诗很能体现这一特色。

（徐应佩　周溶泉）

使至塞上

原文

单车欲问边，属国[①]过居延。

征蓬出汉塞，归雁入胡天。

大漠孤烟直[②]，长河落日圆。

萧关逢候骑[③]，都护在燕然[④]。

〔注〕

① 属国：典属国的简称。本为秦汉时官名，这里代指使臣，是王维自指。

② 孤烟直：直上的燧烟。宋陆佃《埤雅》："古之烽火用狼粪，取其烟直而聚，虽风吹之不斜。"

③ 萧关：在今宁夏回族自治区固原市原州区东南。候骑(jì)：骑马的侦察兵。

④ 都护：当时边疆重镇都护府的长官，这里指河西节度使。燕(yān)然：即杭爱山，在今蒙古国境内。东汉车骑将军窦宪大破匈奴北单于，曾登燕然山刻石记功。这里借指最前线，并非实指。

鉴赏

开元二十五年(737)河西节度副大使崔希逸战胜吐蕃，唐玄宗命王维以监察御史的身份出塞宣慰，察访军情。这实际是将王维排挤出朝廷。这首诗作于赴边途中。

“单车欲问边”，轻车前往，向哪里去呢？“属国过居延”，居延在今甘肃张掖市西北，远在西北边塞，在这里并非实指，只是用来泛指边疆之地。

“征蓬出汉塞，归雁入胡天”，诗人以“蓬”“雁”自比，说自己像随风而去的蓬草一样出临“汉塞”，像振翮北飞的“归雁”一样进入“胡天”。古诗中多用飞蓬比喻漂流在外的游子，这里却是比喻一个负有朝廷使命的大臣，正是暗写诗人内心的激愤和抑郁。与首句的“单车”相呼应。万里行程只用了十个字轻轻带过。

然后抓住沙漠中的典型景物进行刻画：“大漠孤烟直，长河落日圆。”最后两句写到达边塞：“萧关逢候骑，都护在燕然。”到了边塞，却没有遇到将官，侦察兵告诉使臣：首将正在燕然前线。

诗人把笔墨重点用在了他最擅胜场的方面——写景。作者出使，恰在春天。途中见数行归雁北翔，诗人即景设喻，用归雁自比，既叙事，又写景，一笔两到，贴切自然。尤其是“大漠孤烟直，长河落日圆”一联，写进入边塞后所看到的塞外奇特壮丽的风光，画面开阔，意境雄浑，近代王国维称之为“千古壮观”的名句。边疆沙漠，浩瀚无边，所以用了“大漠”的“大”字。边塞荒凉，没有什么奇观异景，烽火台燃起的那一股浓烟就显得格外醒目，因此称作“孤烟”。一个“孤”字写出了景物的单调，紧接一个“直”字，却又表现了它的劲拔、坚毅之美。沙漠上没有山峦林木，那横贯其间的黄河，就非用一个“长”字不能表达诗人的感觉。落日，本来容易给人以感伤的印象，这里用一“圆”字，却给人以亲切温暖而又苍茫的感觉。一个“圆”字，一个“直”字，不仅准确地描绘了沙漠的景象，而且表现了作者的深切的感受。诗人把自己的孤寂情绪巧妙地融化在广阔的自然景象的描绘中。《红楼梦》第四十八回里香菱谈诗说:"'大漠孤烟直,长河落日圆。'想来'烟'如何'直'?'日'自然是'圆'的。这'直'字似无理,'圆'字似太俗。合上书一想,倒像是见了这景的。要说再找两个字换这两个,竟再找不出两个字来。"这就是"诗的好处,有口里说不出来的意思,想去却是逼真的;又似乎无理的,想去竟是有理有情的"。可谓道出了这两句诗高超的艺术境界。

（张燕瑾）

秋夜独坐

原文

独坐悲双鬓，空堂欲二更。
雨中山果落，灯下草虫鸣。
白发终难变，黄金不可成。
欲知除老病，惟有学无生。

鉴赏

王维中年奉佛，诗多禅意。这诗题曰“秋夜独坐”，就像僧徒坐禅。而诗中写年迈人老，感慨人生，斥神仙虚妄，悟佛义根本，是诗人现身说法的禅意哲理之作，情理都无可取，但在艺术表现上较为真切细微，传神入化，历来受到赞赏。

前二联写沉思和悲哀。这是一个秋天雨夜，更深人寂，诗人独坐在空堂上，潜心默想。这情境仿佛就是佛徒坐禅，然而诗人却是陷于人生的悲哀。他看到自己两鬓花白，人一天天老了，不能长生；夜又将二更，时光一点点消逝，无法挽留。一个人就是这样地在岁月无情流逝中走向老病去世。这冷酷的事实使他自觉无力而陷于深刻的悲哀。此时此刻，此情此景，他越发感到孤独空虚，需要同情勉励，启发诱导。然而除了诗人自己，堂上只有灯烛，屋外听见雨声。于是他从雨声想到了山里成熟的野果，好像看见它们正被秋雨摧落；从灯烛的一线光亮中得到启发，注意到秋夜草野里的鸣虫也躲进堂屋来叫了。诗人的沉思，从人生转到草木昆虫的生存，虽属异类，却获同情，但更觉得悲哀，发现这无知的草木昆虫同有知的人一样，都在无情的时光、岁月的消逝中零落哀鸣。诗人由此得到启发诱导，自以为觉悟了。

后二联便是写觉悟和学佛。诗人觉悟到的真理是万物有生必有灭，大自然是永存的，而人及万物都是短暂的。人，从出生到老死的过程不可改变。诗人从自己嗟老的忧伤，想到了宣扬神仙长生不老的道教。诗人感叹"黄金不可成"，就是否定神仙方术之事，指明炼丹服药祈求长生的虚妄，而认为只有信奉佛教，才能从根本上消除人生的悲哀，解脱生老病死的痛苦。佛教讲灭寂，要求人从心灵中清除七情六欲，是谓"无生"。倘使果真如此，当然不仅根除老病的痛苦，一切人生苦恼也都不再觉得了。诗人正是从这个意义上去皈依佛门的。

整首诗写出一个思想觉悟即禅悟的过程。从情入理，以情证理。诗的前半篇表现诗人沉思而悲哀的神情和意境，形象生动，感受真切，情思细微，艺术上是颇为出色的；而后半篇则纯属说教，归纳推理，枯燥无味，缺陷也是比较明显的。

（倪其心）

送秘书晁监还日本国

原文

积水不可极，安知沧海东！
九州何处远？万里若乘空。
向国惟看日，归帆但信风。
鳌身映天黑，鱼眼射波红。
乡树扶桑外，主人孤岛中。
别离方异域，音信若为通！

鉴赏

晁衡，原名仲满、阿倍仲麻吕，日本人。唐玄宗开元五年(717)随日本遣唐使来中国留学，改姓名为晁衡。历仕玄宗、肃宗、代宗三朝，任秘书监，兼卫尉卿等职。大历五年(770)卒于长安。天宝十二载(735)，晁衡乘船回国探亲。临行前，玄宗、王维、包佶等人都作诗赠别，表达了对这位日本朋友深挚的情谊，其中以王维这一首写得最为感人。

古代赠别诗通常以交代送别的时间、地点、环境发端，借景物描写来烘染离情别意。这首诗不同，开头便是一声深沉的慨叹：茫茫沧海简直不可能达到尽头，又怎么能知道那沧海以东是怎样一番景象呢！突如其来，喷薄而出，令人心神为之一震。三、四两句一问一答，寄寓诗人深情。“九州”，代指中国。大意是说：中国以外，哪里最为遥远呢？恐怕就要算迢迢万里之外的日本了，现在友人要去那里，真像登天一样难啊！头四句极写大海的辽阔无垠和日本的渺远难即，造成一种令人惆怅、迷惘、惴惴不安的浓重氛围，使读者刚接触到作品就从情绪上受到了强烈的感染。

接下来四句，是写想象中友人渡海的情景。在当时的科学水平和技术条件下，横渡大海到日本去是一种极为冒险、生死未卜的事情。通常是正面实写海上的景象，诸如气候的无常、风涛的险恶等等，借以表达对航海者的忧虑和悬念。例如林宽的《送人归日本》：“沧溟西畔望，一望一心摧！地即同正朔，天教阻往来。波翻夜作电，鲸吼昼可雷。门外人参径，到时花几开？”其中第三联写得惊耳怵目，扣人心弦，应当说是相当精警的句子。但是，无论语言是怎样地铺张扬厉，情感是怎样地激宕淋漓，要在一首短诗中把海上航行中将要遇到的无数艰难险阻说完道尽，毕竟是办不到的。所以，王维采用了另外一种别开生面的手法：避实就虚，从有限中求无限。“向国惟看日，归帆但信风”，要说的意思只开了一个头便立即带住，让读者自己去思索、联想、补充、丰富。《新唐书·东夷传》云：“日本使自言国近日所出，以为名。”这里“日”字双关，兼指太阳和日本国。试想，航海者就凭几片风帆、数支橹桨，随风飘流，不是艰险已极吗？不作正面描绘，只提供联想线索；不言艰险而艰险之状自明，不说忧虑而忧虑之情自见，正是这两句诗高明的地方。最有特色的，还是“鳌身映天黑，鱼眼射波红”两句。在这里，诗人不只是没有实写海上景象，而且虚构了两种怪异的景物：能把天空映黑的巨鳌，眼里红光迸射的大鱼，同时展现出四种色彩：黑，红，蓝（天），碧（波），构成了一幅光怪陆离、恢宏阔大的动的图画。你看，波涛在不停地奔涌，巨鳌与大鱼在不停地出没，四种色彩在不断地交织和变幻。这就不能不使人产生一种神秘、奇诡、恐怖的感觉。诗人借怪异的景物形象和交织变幻的色彩刺激读者的感官，唤起读者的情感体验，把海上航行的艰险和对友人安危的忧虑直接传达给了读者。千百年来，历代的诗论家们公认王维"诗中有画"，但往往没有注意到，他的"诗中画"大多是"绘画所描绘不出的画境"。这首诗即是如此。人们公认王维是着色的高手。但往往没有注意到，他笔下的色彩不是客观对象的一种消极的附属物，而是创造环境氛围、表现主观情感的积极手段。这两句诗利用色彩本身的审美特性来表情达意，很富创造性，有很高的借鉴价值。

最后两句，诗人设想晁衡战胜艰难险阻，平安回到祖国，但又感叹无法互通音讯。这就进一步突出了依依难舍的深情。

这是一曲中日两国的传统友谊之歌。通篇没有用一个概念性的语词来明言所表现的究竟是什么情感，但我们从目的地的渺远、航程的艰险和诗人的声声喟叹中，可以明确无误地体会到，这是一种怅惘、忧愁、悬念、惜别等等杂糅交织的至精至诚的情谊。司空图《诗品》说："不着一字，尽得风流。语不涉难，已不堪忧。"正好道出了这首诗的表情特点。

（文达三）

奉和圣制从蓬莱向兴庆阁道中留春雨中春望之作应制

原文

渭水自萦秦塞曲，
黄山旧绕汉宫斜。
銮舆迥出千门柳，
阁道回看上苑花。
云里帝城双凤阙，
雨中春树万人家。
为乘阳气行时令，
不是宸游重物华。

鉴赏

这首诗题中的蓬莱宫，即唐大明宫。唐代宫城在长安东北，而大明宫又在宫城东北。兴庆宫在宫城东南角。开元二十三年(735)，从大明宫经兴庆宫，一直到城东南的风景区曲江，筑阁道相通。帝王后妃，可由阁道直达曲江。王维的这首七律，就是唐玄宗由阁道出游时在雨中春望赋诗的一首和作。所谓“应制”，指应皇帝之命而作。当时以同样题目写诗的，还有李憕等人，可以说是由唐玄宗发起的一次比较热闹的赛诗活动。

王维的诗，高出众人一筹，发挥了他作为一个画家善于取景布局的特长，紧紧扣住题目中的“望”字去写，写得集中，勾勒出了一个完整的画面。

“渭水自萦秦塞曲，黄山旧绕汉宫斜。”诗一开头就写出由阁道中向西北眺望所见的景象。视线越过长安城，将城北地区的形胜尽收眼底。首句写渭水曲折地流过秦地，次句指渭水边的黄山，盘绕在汉代黄山宫脚下。渭水、黄山和秦塞、汉宫，作为长安的陪衬和背景出现，不仅显得开阔，而且因为有“秦”“汉”这样的词语，还带上了一层浓厚的历史色彩。诗人驰骋笔力，写出这样广阔的大背景之后，才回笔写春望中的人：“銮舆迥出千门柳，阁道回看上苑花。”因为阁道架设在空中，等于现在所说的天桥，所以阁道上的皇帝车驾，也就高出了宫门柳树之上。在这样高的立足点上回看宫苑和长安更是一番景象。这里用一个“花”字透露了繁盛气氛，“花”和“柳”又点出了春天。“云里帝城双凤阙，雨中春树万人家。”这两句仍然是回看中的景象，而且是最精彩的镜头。它要是紧接在一、二句所勾勒的大背景后出现，本来也是可以的。但经过三、四两句回旋，到这里再出现，就更给人一种高峰突起、耳目为之耸动的感觉。看，云雾低回缭绕，盘旋在广阔的长安城上，云雾中托出一对高耸的凤阙，像要凌空飞起；在茫茫的春雨中，万家攒聚，无数株春树，受着雨水滋润，更加显得生机勃发。这是一幅带着立体感的春雨长安图。由于云遮雾绕，一般的建筑，在视野内变得模糊了，只有凤阙更显得突出，更具有飞动感；由于春雨，满城在由雨帘构成的背景下，春树、人家和宫阙，互相映衬，更显出帝城的阔大、壮观和昌盛。这两句不仅把诗题的“雨中春望”写足了，也透露了这个春天风调雨顺，为过渡到下文作了准备。“为乘阳气行时令，不是宸游重物华。”古代按季节规定关于农事的政令叫时令。这里的意思是说，这次天子出游，本是因为阳气畅达，顺天道而行时令，并非为了赏玩景物。这是一种所谓寓规于颂，把皇帝的春游，说成是有政治意义的活动。

古代应制诗，几乎全部是歌功颂德之词。王维这首诗也不例外。诗的结尾两句明显地表现了这种局限。不过这首诗似乎并不因此就成为应该完全否定的虚伪的颂歌。我们今天读起来，对诗中描写的景象仍然感到神往，甚至如果在春雨中登上北京景山俯瞰故宫及其周围的时候，还能够联想到“云里帝城双凤阙，雨中春树万人家”这样的诗句。王维的这种诗，不使人感到是可厌的颂词，依旧具有艺术生命力。王维善于抓住眼前的实际景物进行渲染。比如用春天作为背景，让帝城自然地染上一层春色；用雨中云雾缭绕的实际景象，来表现氤氲祥瑞的气氛，这些都显得真切而非虚饰。这是因为王维兼有诗人和画家之长，在选取、再现帝城长安景物的时候，构图上既显得阔大美好，又足以传达处于兴盛时期帝都长安的神采。透过诗的饱满而又飞动的艺术形象，似乎可以窥见八世纪中期唐帝国的面影，它在有意无意中对于祖国、对于那个比较兴盛的时代写下了一曲颂歌。

（余恕诚）

和贾至舍人早朝大明宫之作

原文

绛帻鸡人报晓筹，
尚衣方进翠云裘。
九天阊阖开宫殿，
万国衣冠拜冕旒。
日色才临仙掌动，
香烟欲傍衮龙浮。
朝罢须裁五色诏，
佩声归到凤池头。

鉴赏

贾至写过一首《早朝大明宫》，全诗是："银烛朝天紫陌长，禁城春色晓苍苍。千条弱柳垂青琐，百啭流莺满建章。剑佩声随玉墀步，衣冠身惹御炉香。共沐恩波凤池里，朝朝染翰侍君王。"当时颇为人注目，杜甫、岑参、王维都曾作诗相和。王维的这首和作，利用细节描写和场景渲染，写出了大明宫早朝时庄严华贵的气氛，别具艺术特色。

诗一开头，诗人就选择了"报晓"和"进翠云裘"两个细节，显示了宫廷中庄严、肃穆的特点，给早朝制造气氛。古代宫中，于天将亮时，有头戴红巾的卫士，于朱雀门外高声喊叫，以警百官，称为"鸡人"。"晓筹"即更筹，是夜间计时的竹签。这里以"鸡人”送“晓筹”报晓，突出了宫中的“肃静”。尚衣局是专门掌管皇帝衣服的。“翠云裘”是绣有彩饰的皮衣。“进”字前着一“方”字，表现宫中官员各遵职守，工作有条不紊。

中间四句正面写早朝。诗人以概括叙述和具体描写，表现场面的宏伟庄严和帝王的尊贵。层层叠叠的宫殿大门如九重天门，迤逦打开，深邃伟丽；万国的使节拜倒丹墀，朝见天子，威武庄严。以九天阊阖喻天子住处，大笔勾勒了“早朝”图的背景，气势非凡。“宫殿”即题中的大明宫，唐代亦称蓬莱宫，因宫后蓬莱池得名，是皇帝接受朝见的地方。“万国衣冠拜冕旒”，标志大唐鼎盛的气象。“冕旒”本是皇帝戴的帽子，此代指皇帝。在“万国衣冠”之后着一“拜”字，利用数量上众与寡、位置上卑与尊的对比，突出了大唐帝国的威仪，在一定程度上反映了真实的历史背景。

如果说颔联是从大处着笔，那么颈联则是从细处落墨。大处见气魄，细处显尊严，两者互相补充，相得益彰。作者于大中见小，于小中见大，给人一种亲临其境的真实感。“仙掌”是形状如扇的仪仗，用以挡风遮日。日光才临，仙掌即动，“临”和“动”，关联得十分紧密，充分显示皇帝的骄贵。“衮龙”亦称“龙衮”，是皇帝的龙袍。“傍”字写飘忽的轻烟，颇见情态。“香烟”照应贾至诗中的“衣冠身惹御炉香”。贾至诗以沾沐皇恩为意，故以“身惹御炉香”为荣；王维诗以帝王之尊为内容，故着“欲傍”为依附之意。作者通过仙掌挡日、香烟缭绕制造了一种皇庭特有的雍容华贵氛围。

结尾两句又关照贾至的“共沐恩波凤池里，朝朝染翰侍君王”。贾至时任中书舍人，其职责是给皇帝起草诏书文件，所以说“朝朝染翰侍君王”，归结到中书舍人的职责。王维的和诗也说，

"朝罢"之后，皇帝自然会有事诏告，所以贾至要到中书省的所在地凤池去用五色纸起草诏书了。"佩声"，是以身上佩带的饰物发出的声音代人，这里即代指贾至。不言人而言"佩声"，于"佩声"中藏人的行动，使"归"字产生具体生动的效果。

这首诗写了早朝前、早朝中、早朝后三个阶段，写出了大明宫早朝的气氛和皇帝的威仪，同时，还暗示了贾至的受重用和得意。这首和诗不和其韵，只和其意，雍容伟丽，造语堂皇，格调十分谐和。明代胡震亨《唐音癸签》说："盛唐人和诗不和韵。"于此可窥一斑。

（汤贵仁）

酬郭给事

原文

洞门高阁霭余晖，
桃李阴阴柳絮飞。
禁里疏钟官舍晚，
省中啼鸟吏人稀。
晨摇玉佩趋金殿，
夕奉天书拜琐闱。
强欲从君无那老，
将因卧病解朝衣。

鉴赏

这首酬和诗，是王维晚年酬赠与给事中郭某的。“给事”，即给事中，是唐代门下省的要职，常在皇帝周围，掌宣达诏令，驳正政令之违失，地位是十分显赫的。王维的后半生，虽然过着半官半隐的生活，然而在官场上却是“昆仲宦游两都，凡诸王驸马豪右贵势之门，无不拂席迎之”（《旧唐书·王维传》）。因此，在他的诗作中，这类应酬的题材甚多。这首诗，既颂扬了郭给事，同时也表达了王维想辞官隐居的思想。写法上，诗人又别具机杼。最突出的是捕捉自然景象，状物以达意，使那颂扬之情，完全寓于对景物的描绘中，从而达到了避俗从雅的艺术效果。

诗的前两句着意写郭给

事的显达。第一句“洞门高阁”，是皇家的写照，“余晖”恰是皇恩普照的象征。第二句“桃李阴阴”，是说郭给事桃李满天下，而“柳絮飞”是指那些门生故吏个个飞扬显达。这样，前后两句，形象地描绘出郭给事上受皇恩之曝，下受门生故吏拥戴，突出了他在朝中的地位。

诗的三、四句写郭给事居官的清廉闲静。如果说前两句的景状是华艳的，这两句就转为恬淡了。一个“疏”字，一个“稀”字，正好点染了这种闲静的气氛。诗人描写“省中啼鸟”这个现象，意味甚浓。一般说，官衙内总是政务繁忙，人来人往，现在居然可以听到鸟儿的鸣叫声，不正活画出郭给事为官的闲静吗？

王维作诗，善于抓住自然界中平凡无奇的景或物，赋予它们某种象征意义。“省中啼鸟”，看起来是描写了景致，其实，是暗喻郭给事政绩卓著，时世太平，以致衙内清闲。虽是谀词，却不着一点痕迹。

五、六两句，直接写郭给事本人。早晨朝服盛装，恭恭敬敬地去上朝面君，傍晚捧着皇帝的诏令向下宣达。他那恭谨的样子，用一个“趋”和一个“拜”字生动地描写出来了。“晨”“夕”两字，则使人感到他时时紧随皇帝左右，处于怎样一种令人瞩目的地位！从全诗结构看，这里是极扬一笔，为最后点出全诗主旨作好准备。

诗的末两句作了一个急转，从谦恭的语气中写出了诗人自己的意向：我虽想勉力追随你，无奈年老多病，还是让我辞官归隐吧！这是全诗的主旨，集中地反映了诗人的出世思想。唐人的很多酬赠诗中，往往在陈述了对酬者的仰慕之后，立即表达希冀引荐提拔的用意。然而王维此诗，却一反陈套，使人感到别开生面。

（李　琳）

出塞作

原文

居延城外猎天骄，
白草连天野火烧。
暮云空碛时驱马，
秋日平原好射雕。
护羌校尉朝乘障，
破虏将军夜渡辽。
玉靶角弓珠勒马，
汉家将赐霍嫖姚。

鉴赏

本诗原注说：“时为御史监察塞上作。”开元二十五年(737)三月，河西节度副大使崔希逸在青海战败吐蕃，王维以监察御史的身份，奉使出塞宣慰，这诗就写在此时。

前四句写边境纷扰、战火将起的形势。“天骄”原为匈奴自称，这里借称唐朝的吐蕃。“居延城外猎天骄，白草连天野火烧”，写居延关外长满白草的广阔原野上燃起了熊熊猎火，吐蕃正在这里进行打猎活动，这是紧张局势的一个信号。写打猎声势之盛，正是渲染边关剑拔弩张之势。这两句诗很容易使人联想起高适《燕歌行》“单于猎火照狼山”之句，古诗中常常以“猎火”来暗指战火。“暮云空碛时驱马，秋日平原好射雕”，进一步描写吐蕃的猎手们在暮云低垂，空旷无边的沙漠上驱马驰骋，在秋天草枯，动物没有遮蔽之处的平原上射猎。这一联像两幅生动传神、极具典型意义的塞上风俗画，写出吐蕃健儿那种盘马弯弓、勇猛强悍的样子，粗豪雄放；也暗示边情的紧急，为诗的下半部分作了铺垫。

前四句刻画形象，有声有色，是实写；后四句便采用虚写，写唐军针对这种紧张形势而进行军事部署。

“护羌校尉朝乘障，破虏将军夜渡辽。”这两句，对仗精工，很有气势。“护羌校尉”和“破虏将军”都是汉代武官名，这里借指唐军将士。“障”是障堡，边塞上的防御工事。登障堡，渡辽河，都不是实指，而是泛写，前者着重说防御，后者主要讲出击，一个“朝”字和一个“夜”字，突出军情的紧迫，进军的神速，表现了唐军昂扬奋发的士气，雷厉风行的作风。此联对军事行动本身没有作具体的描写，而只是选取具有典型意义的事物，作概括而又形象的叙说，就把唐军紧张调动，英勇作战，并取得胜利的情景写出来了，收到了词约义丰的艺术效果。“玉靶角弓珠勒马，汉家将赐霍嫖姚。”“汉家”借指唐朝，“霍嫖姚”即汉代曾作过嫖姚校尉的霍去病，借谓崔希逸。这两句是说，朝廷将把镶玉柄的剑，以角装饰的弓和戴着珠勒口的骏马，赐给得胜的边帅崔希逸。在诗尾才点出赏功慰军的题旨，收结颇为得体。

这诗写得很有特色，它反映当前的战斗情况，用两相对比的写法，先写吐蕃的强悍，气势咄咄逼人，造成心理上的紧张；再写唐军雍容镇静，应付裕如，有攻有守，以一种压倒对方的凌厉气势夺取最后的胜利。越是渲染对方气焰之盛，越能衬托唐军的英勇和胜利的来之不易，最后写劳军，也就顺理成章，水到渠成，只须轻轻点染，诗旨全出。清方东树评论此诗说：“前四句目验天骄之盛，后四句侈陈中国之武，写得兴高采烈，如火如锦，乃称题。收赐有功得体。浑颢流转，一气喷薄，而自然有首尾起结章法，其气若江海之浮天。”（《昭昧詹言》）这段评论是中肯的。

（吴小林）

春日与裴迪过新昌里访吕逸人不遇

原文

桃源一向绝风尘，
柳市南头访隐沦。
到门不敢题凡鸟，
看竹何须问主人。
城上青山如屋里，
东家流水入西邻。
闭户著书多岁月，
种松皆作老龙鳞。

鉴赏

王维和裴迪是知交，早年一同住在终南山，常相唱和，以后，两人又在辋川山庄“浮舟往来，弹琴赋诗，啸咏终日”（《旧唐书·王维传》）。新昌里在长安城内。吕逸人即吕姓隐士，事迹未详。这首诗极赞吕逸人闭户著书的隐居生活，显示了作者艳羡“绝风尘”的情怀。

“桃源一向绝风尘，柳市南头访隐沦。”借晋陶渊明《桃花源记》中的桃花源，比况吕逸人的住处，着一虚笔；于长安柳市之南寻访吕逸人，跟一实笔。一虚一实，既写出吕逸人长期“绝风尘”的超俗气节，又显示了作者倾慕向往的隐逸之思。

“到门不敢题凡鸟，看竹何须问主人。”访人不遇，本有无限懊恼，然而诗人却不说，反而拉出历史故事来继续说明对吕逸人的仰慕之情，可见其寻逸之心的诚笃真挚。“凡鸟”是“凤”字的分写。据《世说新语·简傲》记载，三国魏时的嵇康和吕安是莫逆之交，一次，吕安访嵇康未遇，康兄嵇喜出迎，吕安于门上题“凤”字而去，这是嘲讽嵇喜是“凡鸟”。王维“到门不敢题凡鸟”，则是表示对吕逸人的尊敬。“看竹”事见《晋书·王羲之传》。王羲之之子王徽之闻吴中某家有好竹，坐车直造其门观竹，“讽啸良久”。而此诗“何须问主人”是活用典故，表示即使没有遇见主人，看看他的幽雅居处，也会使人产生高山仰止之情。

上一联借用典故，来表示对吕逸人的敬仰，是虚写。“城上青山如屋里，东家流水入西邻”，写吕逸人居所的环境，是实写。“城上”，一作“城外”。“青山如屋里”，生动地点明吕逸人居所出门即见山，暗示与尘市远离；流水经过东家流入西邻，可以想见吕逸人居所附近流水淙淙，环境清幽，真是一个依山傍水的绝妙境地。青山妩媚，流水多情。两句环境描写，一则照应开篇的绝风尘，二则抒写了隐逸生活的情趣。

“闭户著书多岁月，种松皆作老龙鳞。”最后从正面写隐逸。吕逸人无求于功名，不碌碌于尘世，长时间闭户著书，是真隐士而不是走“终南捷径”的假隐士，这就更为诗人所崇尚。松皮作龙鳞，标志手种松树已老，说明时间之长，显示吕逸人隐居之志的坚贞和持久。“老龙鳞”给“多岁月”作补充，并照应开头的“一向绝风尘”，全诗结构严谨完整。

这首诗，句句流露出对吕逸人的钦羡之情，以至青山、流水、松树，都为诗人所爱慕，充分表现了诗人归隐皈依的情思。描写中虚实结合，有上下句虚实相间的，也有上下联虚实相对的，笔姿灵活，变化多端，既不空泛，又不呆滞，颇有情味。（汤贵仁）

积雨辋川庄作

原文

积雨空林烟火迟，蒸藜[1]炊黍饷东菑[2]。
漠漠水田飞白鹭，阴阴夏木啭黄鹂。
山中习静观朝槿[3]，松下清斋折露葵[4]。
野老与人争席罢，海鸥何事更相疑？

〔注〕

① 藜：一种草本植物，嫩叶新苗皆可食。
② 菑(zī)：已开垦一年的土地，这里泛指田亩。
③ 朝槿(jǐn)：即木槿，落叶灌木，夏秋之际开花，朝开暮谢，古人以为人生无常的象征。
④ 露葵：即绿葵，一种绿色蔬菜，可以煮来佐餐。

鉴赏

辋川庄，在今陕西蓝田终南山中，是王维隐居之地。《旧唐书·王维传》记载："维兄弟俱奉佛，居常蔬食，不茹荤血，晚年长斋，不衣文彩。"在这首七律中，诗人把自己幽雅清淡的禅寂生活与辋川恬静优美的田园风光结合起来描写，创造了一个物我相惬、情景交融的意境。

"积雨空林烟火迟，蒸藜炊黍饷东菑。"首联写田家生活，是诗人山上静观所见：正是连雨时节，天阴地湿，空气潮润，静谧的丛林上空，炊烟缓缓升起来，山下农家正烧火做饭呢。女人家蒸藜炊黍，把饭菜准备好，便提携着送往东菑——东面田头，男人们一清早就去那里劳作了。诗人视野所及，先写空林烟火，一个“迟”字，不仅把阴雨天的炊烟写得十分真切传神，而且透露了诗人闲散安逸的心境；再写农家早炊、饷田以至田头野餐，展现一系列人物活动画面，秩序井然而富有生活气息，使人想见农妇田夫那怡然自乐的心情。

颔联写自然景色，同样是诗人静观所得：“漠漠水田飞白鹭，阴阴夏木啭黄鹂。”看吧，广漠空濛、布满积水的平畴上，白鹭翩翩起飞，意态是那样闲静潇洒；听啊，远近高低，蔚然深秀的密林中，黄鹂互相唱和，歌喉是那样甜美快活。辋川之夏，百鸟飞鸣，诗人只选了形态和习性迥然不同的黄鹂、白鹭，联系着它们各自的背景加以描绘：雪白的白鹭，金黄的黄鹂，在视觉上自有色彩浓淡的差异；白鹭飞行，黄鹂鸣啭，一则取动态，一则取声音；“漠漠”，形容水田广布，视野苍茫；“阴阴”，描状夏木茂密，境界幽深。两种景象互相映衬，互相配合，把积雨天气的辋川山野写得画意盎然。所谓“诗中有画”，这便是很好的例证。

唐人李肇因见李嘉祐集中有“水田飞白鹭，夏木啭黄鹂”的诗句，便讥笑王维“好取人文章嘉句”（《国史补》卷上）；明人胡应麟力辟其说：“摩诘盛唐，嘉祐中唐，安得前人预偷来者？此正嘉祐用摩诘诗。”（《诗薮·内编》卷五）按，嘉祐与摩诘同时而稍晚，谁袭用谁的诗句，这很难说；然而，从艺术上看，两人诗句还是有高下的。宋人叶梦得说：“此两句好处，正在添‘漠漠’‘阴阴’四字，此乃摩诘为嘉祐点化，以自见其妙。如李光弼将郭子仪军，一号令之，精采数倍。”(《石林诗话》卷上)“漠漠”有广阔意，“阴阴”有幽深意，“漠漠水田”“阴阴夏木”比之“水田”和“夏木”，画面就显得开阔而深邃，富有境界感，渲染了积雨天气空濛迷茫的色调和气氛。

如果说，首联所写农家无忧无虑的劳动生活已引起诗人的浓厚兴趣和欣羡之情，那么，面对这黄鹂、白鹭的自由自在的飞鸣，诗人自会更加陶醉不已。而且这两联中，人物活动也好，自然景色也好，并不是客观事物的简单摹拟，而是经过诗人心灵的感应和过滤，染上了鲜明的主观色彩，体现了诗人的个性。对于“晚年惟好静，万事不关心”(《酬张少府》)的王维来说，置身于这世外桃源般的辋川山庄，真可谓得其所哉了，这不能不使他感到无穷的乐趣。下面两联就是抒写诗人隐居山林的禅寂生活之乐的。

“山中习静观朝槿，松下清斋折露葵。”诗人独处空山之中，幽栖松林之下，参木槿而悟人生短暂，采露葵以供清斋素食。这情调，在一般世人看来，未免过分孤寂寡淡了吧？然而早已厌倦尘世喧嚣的诗人，却从中领略到极大的兴味，比起那纷纷扰扰、尔虞我诈的名利场，何啻天壤云泥！

“野老与人争席罢，海鸥何事更相疑？”野老是诗人自谓。诗人快慰地宣称：我早已去机心，绝俗念，随缘任遇，于人无碍，与世无争了，还有谁会无端地猜忌我呢？庶几乎可以免除尘世烦恼，悠悠然耽于山林之乐了。《庄子·杂篇·寓言》载：杨朱去从老子学道，路上旅舍主人欢迎他，客人都给他让座；学成归来，旅客们却不再让座，而与他“争席”，说明杨朱已得自然之道，与人们没有隔膜了。《列子·黄帝篇》载：海上有人与鸥鸟相亲近，互不猜疑。一天，父亲要他把海鸥捉回家来，他又到海滨时，海鸥便飞得远远的，心术不正破坏了他和海鸥的亲密关系。这两个充满老庄色彩的典故，一正用，一反用，两相结合，抒写诗人淡泊自然的心境。而这种心境，正是上联所写“清斋”“习静”的结果。

这首七律，形象鲜明，兴味深远，表现了诗人隐居山林、脱离尘俗的闲情逸致，是王维田园诗的一首代表作。从前有人把它推为全唐七律的压卷，说成“空古准今”的极致，固然是出于封建士大夫的偏嗜；而有人认为“淡雅幽寂，莫过右丞《积雨》”（清赵殿成《王右丞集笺注》卷十），赞赏这首诗的深邃意境和超迈风格，艺术见解还是不错的。

（赵庆培）

息夫人

原文

莫以今时宠，能忘旧日恩。
看花满眼泪，不共楚王言。

鉴赏

中国古典诗歌，包括唐诗在内，叙事诗很不发达。特别是近体诗，由于篇幅和格律的限制，更难于叙事。但在唐诗发展过程中，有一个现象值得注意，即其中某些小诗，虽然篇幅极为有限，却仍企图反映一些曲折、复杂的事件；如果对这些事件推根求源，展开联想，则似乎要有相当篇幅的叙事诗才能叙述得了。王维这首五绝就是这样。

息夫人本是春秋时息国君主的妻子。公元前680年，楚王灭了息国，将她据为己有。她在楚宫里虽生了两个孩子，但默默无言，始终不和楚王说一句话。“莫以今时宠，能忘旧日恩”，说不要以为你今天的宠爱，就能使我忘掉旧日的恩情。这像是息夫人内心的独白，又像是诗人有意要以这种弱小者的心声，去让那些强暴贪婪的统治者丧气。“莫以”“能忘”，构成一个否定的条件句，以新宠并不足以收买息夫人的心，反衬了旧恩的珍贵难忘，显示了淫威和富贵并不能彻底征服弱小者的灵魂。“看花满眼泪，不共楚王言。”旧恩难忘，而新宠实际上是一种侮辱。息夫人在富丽华美的楚宫里，看着本来使人愉悦的花朵，却是满眼泪水，对追随在她身边的楚王始终不共一言。“看花满眼泪”，跟后来杜甫“感时花溅泪”(《春望》)的写法差不多。由于这一句只点出精神的极度痛苦，并且在沉默中极力地自我克制着，却没有交代流泪的原因，就为后一句蓄了势。“不共楚王言”，是在写她“满眼泪”之后，这个“无言”的形象，就显得格外深沉。这沉默中包含着人格的污损，精神的创痛，也许是由此而蓄积在心底的怨愤和仇恨。诗人塑造了一个受着屈辱，但在沉默中反抗的妇女形象，在艺术上别有其深沉动人之处。

王维写这首诗，并不单纯是歌咏历史。唐孟启《本事诗》记载：“宁王宪(玄宗兄)贵盛，宠妓数十人，皆绝艺上色。宅左有卖饼者妻，纤白明晰，王一见属目，厚遗其夫取之，宠惜逾等。环岁，因问之：‘汝复忆饼师否？’默然不对。王召饼师使见之。其妻注视，双泪垂颊，若不胜情。时王座客十余人，皆当时文士，无不凄异。王命赋诗，王右丞维诗先成，云云(按即《息夫人》)。……王乃归饼师，使终其志。”对照之下，可以看出，王维在短短的四句诗里，实际上概括了类似这样一些社会悲剧。它不是叙事诗，但却有很不平常的故事，甚至比一些平淡的叙事诗还要曲折和扣人心弦一些。这种带“小说气”的诗，有些类似折子戏，可以看作近体诗叙述故事的一种努力。限于篇幅，它不能有头有尾地叙述故事，但却抓住或虚构出人物和故事中最富有冲突性、最富有包蕴的一刹那，启发读者从一鳞半爪去想象全龙。这种在抒情诗中包含着故事，带着“小说气”的现象，清人纪昀在评李商隐的诗时曾予以指出。但它的滥觞却可能很早了。王维这首诗就领先了一百多年。只不过王维这类诗数量不能和李商隐相比，又写得比较浑成，浓厚的抒情气氛掩盖了小说气，因而前人较少从这方面加以注意。

（余恕诚）

孟城坳

原文

新家孟城口，古木余衰柳。
来者复为谁，空悲昔人有。

鉴赏

此诗是《辋川集》里的第一首。辋川在今陕西蓝田西南，是一个山清水秀的地方。孟城坳即孟城口，就在辋川风景区内。

这首小诗写得精练含蓄，耐人寻味。王维新近搬到孟城口，却可叹那里只有疏落的古木和枯萎的柳树。这里的“衰”字，不仅仅说“柳”而已，而是暗示出一片衰败凋零的景象。有衰必有盛，而何以由盛而至衰，令人不堪目睹呢？这就透露出悲哀的感情。

接着诗人给自己排解：我在这里安家是暂时的，以后来住的还不知是谁，我又何苦去悲哀呢？过去那种古树参天、杨柳依依的盛景，原是前人所有的，我又何必为前人所有而悲呢？这岂非徒然伤感吗?

晋王羲之《兰亭集序》里讲到聚会时的"欣于所遇",到"情随事迁"的感慨,即一喜一悲,认为:"后之视今,亦犹今之视昔,悲夫!"王维在这里感叹盛景的被破坏,含有今之视昔而悲之意;而"来者",自然又会有后之视今的感叹。这是发人深思的。

孟城口本为初唐诗人宋之问的别墅。宋曾以文才出众和媚附权贵而显赫一时,后两度贬谪,客死异乡。这所辋川别墅也就随之荒芜了。如今王维搬入此处,触景伤情,透露出他难言的心曲。此时,李林甫擅权,张九龄罢相,这使王维带着深深的失望和隐忧退隐辋川,故当他看到目前这一衰败景象时,心绪再也不能平静,很自然地想到别墅的旧主人,自己今日为"昔人"宋之问而悲,以后的"来者"是否又会为自己而悲?这正是诗人不愿去思考而又难以摆脱的思绪。诗人言"空悲",实际上是一种更深沉的悲,是一种潜隐在心底的痛苦。后来,王维经常在辋川一带逍遥吟诵,但始终无法消释这种沉郁而又幽愤的心情。

(周振甫)

鹿柴

原文

空山不见人，但闻人语响。

返景①入深林，复照青苔上。

〔注〕

① 返景(yǐng)：夕照，傍晚的阳光。

鉴赏

这是王维后期的山水诗代表作——五绝组诗《辋川集》二十首中的第四首。鹿柴(zhài)，是辋川的地名。

诗里描绘的是鹿柴附近的空山深林在傍晚时分的幽静景色。第一句“空山不见人”，先正面描写空山的杳无人迹。王维似乎特别喜欢用“空山”这个词语，但在不同的诗里，它所表现的境界却有区别。“空山新雨后，天气晚来秋”(《山居秋暝》)，侧重于表现雨后秋山的空明洁净；“人闲桂花落，夜静春山空”(《鸟鸣涧》)，侧重于表现夜间春山的宁静幽美；而“空山不见人”，则侧重于表现山的空寂清冷。由于杳无人迹，这并不真空的山在诗人的感觉中竟显得空廓虚无，宛如太古之境了。“不见人”，把“空山”的意蕴具体化了。

如果只读第一句，也许会觉得它比较平常，但在“空山不见人”之后紧接“但闻人语响”，却境界顿出。“但闻”二字颇可玩味。通常情况下，寂静的空山尽管“不见人”，却非一片静默死寂。啾啾鸟语，唧唧虫鸣，瑟瑟风声，潺潺水响，相互交织，大自然的声音其实是非常丰富多彩的。然而，现在这一切都杳无声息，只是偶尔传来一阵人语声，却看不到人影（由于山深林密）。这“人语响”，似乎是破“寂”的，实际上是以局部的、暂时的“响”反衬出全局的、长久的空寂。空谷传音，愈见空谷之空；空山人语，愈见空山之寂。人语响过，空山复归于万籁俱寂的境界；而且由于刚才那一阵人语响，这时的空寂感就更加突出。

三、四句由上幅的描写空山传语进而描写深林返照，由声而色。深林，本来就幽暗，林间树下的青苔，更突出了深林的不见阳光。寂静与幽暗，虽分别诉之于听觉与视觉，但它们在人们总的印象中，却常属于一类，因此幽与静往往连类而及。按照常情，写深林的幽暗，应该着力描绘它不见阳光，这两句却特意写返景射入深林，照映在青苔上。猛然一看，会觉得这一抹余晖，给幽暗的深林带来一线光亮，给林间青苔带来一丝暖意，或者说给整个深林带来一点生意。但细加体味，就会感到，无论就作者的主观意图或作品的客观效果来看，都恰与此相反。一味的幽暗有时反倒使人不觉其幽暗，而当一抹余晖射入幽暗的深林，斑斑驳驳的树影照映在树下的青苔上时，那一小片光影和大片的无边的幽暗所构成的强烈对比，反而使深林的幽暗更加突出。特别是这“返景”，不仅微弱，而且短暂，一抹余晖转瞬逝去之后，接踵而来的便是漫长的幽暗。如果说，一、二句是以有声反衬空寂；那么三、四句便是以光亮反衬幽暗。整首诗就像是在绝大部分用冷色的画面上掺进了一点暖色，结果反而使冷色给人的印象更加突出。

静美和壮美，是大自然的千姿百态的美的两种类型，其间本无轩轾之分。但静而近于空无，幽而略带冷寂，则多少表现了作者美学趣味中不健康的一面。同样写到“空山”，同样侧重于表现静美，《山居秋暝》色调明朗，在幽静的基调上浮动着安恬的气息，蕴含着活泼的生机；《鸟鸣涧》虽极写春山的静谧，但整个意境并不幽冷空寂，素月的清辉，桂花的芬芳，山鸟的啼鸣，都带有春的气息和夜的安恬；而《鹿柴》则不免带有幽冷空寂的色彩，尽管还不至于幽森枯寂。

王维是诗人、画家兼音乐家。这首诗正体现出诗、画、乐的结合。无声的静寂，无光的幽暗，一般人都易于觉察；但有声的静寂，有光的幽暗，则较少为人所注意。诗人正是以他特有的画家、音乐家对色彩、声音的敏感，才把握住了空山人语响和深林入返照的一刹那间所显示的特有的幽静境界。而这种敏感，又和他对大自然的细致观察、潜心默会分不开。

（刘学锴）

栾家濑

原文

飒飒秋雨中，浅浅石溜泻。
跳波自相溅，白鹭惊复下。

鉴赏

这是《辋川集》中的一首，描写山谷中的溪水蜿蜒曲折，深浅变化莫测，有时出现一深潭，有时出现一浅濑。所谓濑，就是指从石沙滩上急急溜泻的流水。这流水虽然湍急，但明澈清浅，游鱼历历可数，鹭鸶常在这里觅食。它把长脚静静插在水中，树枝似的一动不动，直到麻痹大意的游鱼游到嘴边，才猛然啄取。正当鹭鸶全神贯注地等候的时候，急流猛然与坚石相击，溅起的水珠像小石子似的击在鹭鸶身上，吓得它“扑漉”一声，展翅惊飞。当它明白过来这是一场虚惊之后，便又安详地飞了下来，落在原处。于是，小溪又恢复了原有的宁静。

《栾家濑》这首小诗写的就是这么一个有趣的情景。

“飒飒秋雨中”，这一句看似平淡无奇，其实是紧要之笔。因为有这场秋雨，溪水才流得更急，才能溅起跳珠，惊动白鹭。“浅浅石溜泻”，正面描绘栾家濑水流的状态。“浅浅（jiān）”，同“溅溅”，水流急的样子。“泻”字也极传神，湍急的流水从石上一滑而过，一泻而逝。正因为水流很急，自然引出水石相击、“跳波自相溅”的奇景。前三句，实际上都是为第四句作铺垫，为烘托“白鹭惊复下”而展开的环境描写。白鹭受惊而飞，飞而复下，这是全诗形象的主体，诗人着意描写的也就是这场虚惊。诗人巧妙地以宁中有惊、以惊见宁的艺术手法，通过“白鹭惊复下”的一场虚惊来反衬栾家濑的安宁和静穆。在这里，没有任何潜在的威胁，可以过着无忧无虑的宁静生活。这正是此时走出政治漩涡的诗人所追求的理想境界。

（傅如一）

白石滩

原文

清浅白石滩，绿蒲向堪把。
家住水东西，浣纱明月下。

鉴赏

这诗是王维《辋川集》中的一首，描写白石滩月夜景色，清新可喜，颇堪玩味。

白石滩，辋水边上由一片白石形成的浅滩，是著名的辋川二十景之一。王维的山水诗很注意表现景物的光线和色彩，这首诗就是用暗示的手法写月夜的光线。它通过刻画沉浸在月色中的景物，暗示出月光的皎洁、明亮。如头两句“清浅白石滩，绿蒲向堪把”，写滩上的水、水底的石和水中的蒲草，清晰如画。何以夜色之中，能看得如此分明？这不正暗示月光的明亮吗？惟其月明，照彻滩水，水才能见其“清”，滩才能显其“浅”，而水底之石也才能现其“白”。不仅如此，从那铺满白石的水底，到那清澈透明的水面，还可以清清楚楚地看到生长其中的绿蒲——它们长得又肥又嫩，差不多已可以用手满把地采摘了。这里，特别值得注意的是一个“绿”字：光线稍弱，绿色就会发暗；能见其绿，足见月光特别明亮。月之明，水之清，蒲之绿，石之白，相映相衬，给人造成了极其鲜明的视觉感受。

前两句，是静态的景物描写。后两句，作者给白石滩添上了活动着的人物，使整个画面充满了生气。“家住水东西，浣纱明月下”，写一群少女，有的家住水东，有的家住水西，她们趁着月明之夜，不约而同地来到白石滩上洗衣浣纱。是什么把她们吸引出来的呢？不正是那皎洁的明月吗？这就又通过人物的行动，暗示了月光的明亮。这种写法，跟《鸟鸣涧》中的“月出惊山鸟”以鸟惊来写月明，颇相类似。

此诗的意境跟《山居秋暝》中的“明月松间照，清泉石上流。竹喧归浣女，莲动下渔舟”近似，而与《辋川集》中那些清冷幽僻的诗作不同，它富有生活气息，表现了一种自然、纯真的美，也寄托着诗人对这种自然、纯真的美的追求。

（刘德重）

竹里馆

原文

独坐幽篁里，弹琴复长啸。

深林人不知，明月来相照。

鉴赏

这是《辋川集》中的一首，这首小诗总共四句。拆开来看，既无动人的景语，也无动人的情语；既找不到哪个字是诗眼，也很难说哪一句是警策。

诗中写到景物，只用六个字组成三个词，就是："幽篁""深林""明月"。对普照大地的月亮，用一个"明"字来形容其皎洁，并无新意巧思可言，是人人惯用的陈词。至于第一句的"篁"与第三句的"林"，其实是一回事，是重复写诗人置身其间的竹林，而在竹林前加"幽""深"两字，不过说明其既非北周庾信《小园赋》所说的"三竿两竿之竹"，也非柳宗元《青水驿丛竹》诗所说的"檐下疏篁十二茎"，而是一片既幽且深的茂密的竹林。这里，像是随意写出了眼前景物，没有费什么气力去刻画和涂饰。

诗中写人物活动，也只用六个字组成三个词，就是："独坐""弹琴""长啸"。对人物，既没有描绘其弹奏舒啸之状，也没有表达其喜怒哀乐之情；对琴音与啸声，更没有花任何笔墨写出其音调与声情。

表面看来，四句诗的用字造语都是平平无奇的。但四句诗合起来，却妙谛自成，境界自出，蕴含着一种特殊的艺术魅力。作为王维《辋川集》中的一首名作，它的妙处在于其所显示的是那样一个令人自然而然为之吸引的意境。它不以字句取胜，而从整体见美。它的美在神不在貌，领略和欣赏它的美，也应当遗貌取神，而其神是包孕在意境之中的。就意境而言，它不仅如清施补华所说，给人以"清幽绝俗"(《岘佣说诗》)的感受，而且使人感到，这一月夜幽林之景是如此空明澄净，在其间弹琴长啸之人是如此安闲自得，尘虑皆空，外景与内情是抿合无间、融为一体的。而在语言上则从自然中见至味，从平淡中见高韵。它的以自然、平淡为特征的风格美又与它的意境美起了相辅相成的作用。

可以想见，诗人是在意兴清幽、心灵澄净的状态下与竹林、明月本身所具有的清幽澄净的属性悠然相会，而命笔成篇的。诗的意境的形成，全赖人物心性和所写景物的内在素质相一致，而不必借助于外在的色相。因此，诗人在我与物会、情与景合之际，就可以如司空图《诗品·自然》中所说，"俯拾即是，不取诸邻。俱道适往，著手成春"，进入"薄言情悟，悠悠天钧"的艺术天地。当然，这里说"俯拾即是"，并不是说诗人在取材上就一无选择，信手拈来；这里说"著手成春"，也不是说诗人在握管时就一无安排，信笔所之。诗中描写周围景色，选择了竹林与明月，是取其与所要显示的那一清幽澄净的环境原本一致；诗中抒写自我情怀，选择了弹琴与长啸，则取其与所要表现的那一清幽澄净的心境互为表里。这既是即景即事，而其所以写此景，写此事，自有其酝酿成熟的诗思。更从全诗的组合看，诗人在写月夜幽林的同时，又写了弹琴、长啸，则是以声响托出静境。至于诗的末句写到月来照，不仅与上句的“人不知”有对照之妙，也起了点破暗夜的作用。这些音响与寂静以及光影明暗的衬映，在安排上既是妙手天成，又是有匠心运用其间的。

（陈邦炎）

辛夷坞

原文

木末芙蓉花，山中发红萼。

涧户寂无人，纷纷开且落。

鉴赏

这是王维田园组诗《辋川集》二十首中的第十八首。这组诗全是五绝，犹如一幅幅精美的绘画小品，从多方面描绘了辋川一带的风物。作者很善于从平凡的事物中发现美，不仅以细致的笔墨写出景物的鲜明形象，而且往往从景物中写出一种环境气氛和精神气质。

“木末芙蓉花，山中发红萼。”“木末”，指树杪。辛夷花不同于梅花、桃花之类，它的花苞打在每一根枝条的最末端上，形如毛笔，所以用“木末”二字是很准确的。“芙蓉花”，即指辛夷。辛夷含苞待放时，很像荷花箭，花瓣和颜色也近似荷花。裴迪《辋川集》和诗有“况有辛夷花，色与芙蓉乱”（《辛夷坞》）的句子，可用来作为注脚。诗的前两句着重写花的“发”。当春天来到人间,辛夷在生命力的催动下,欣欣然地绽开神秘的蓓蕾,是那样灿烂,好似云蒸霞蔚,显示着一派春光。诗的后两句写花的“落”。这山中的红萼,点缀着寂寞的涧户(山涧中的陋室),随着时间的推移,最后纷纷扬扬地向人间洒下片片落英,了结了它一年的花期。短短四句诗,在描绘了辛夷花的美好形象的同时,又写出了一种落寞的景况和环境。

王维的《辋川集》给人的印象是对山川景物的流连,但其中也有一部分篇章表现诗人的心情并非那么宁静淡泊。这些诗集中在组诗的末尾,像《辛夷坞》下面一首《漆园》:“古人非傲吏,自阙经世务。偶寄一微官,婆娑数株树。”就颇有些傲世。再下一首,也是组诗的末章《椒园》:“桂尊迎帝子,杜若赠佳人。椒浆奠瑶席,欲下云中君。”就更含有《楚辞》香草美人的情味。裴迪在和诗中干脆用“幸堪调鼎用,愿君垂采摘”,把它的意旨点破。因此,若将这些诗合看,《辛夷坞》在写景的同时也就不免带有寄托。屈原把辛夷作为香木,多次写进自己的诗篇,人们对它是并不陌生的。它每年迎着料峭的春寒,在那高高的枝条上绽葩吐芬。“木末芙蓉花,山中发红萼”,这个形象给人带来的正是迎春而发的一派生机和展望。但这一树芳华所面对的却是“涧户寂无人”的环境。全诗由花开写到花落,而以一句环境描写插入其中,前后境况迥异,由秀发转为零落。尽管画面上似乎不着痕迹,却能让人体会到一种对时代环境的寂寞感。所谓“岁华尽摇落,芳意竟何成”(陈子昂《感遇》)的感慨,虽没有直接说出来,但仍能于形象中得到暗示。

(余恕诚)

漆园

原文

古人非傲吏，自阙经世务。
偶寄一微官，婆娑数株树。

鉴赏

这是王维《辋川集》中的一首。漆园是辋川二十景之一。不过这首诗的着眼点不在描绘漆园的景物，而在通过跟漆园有关的典故，表明诗人的生活态度。

诗的前两句，反用晋郭璞《游仙诗》“漆园有傲吏”的诗意。据《史记·老庄申韩列传》载，庄子曾为漆园吏，楚威王遣使聘他为相，他不干，反而对使者说：“子亟去，无污我！”这就是后世所称道的庄子啸傲王侯的故事。郭璞称庄子为“傲吏”，其实是赞美他。王维在这里反其意而用之，说庄子并不是傲吏，他所以不求仕进，是因为自觉缺少经国济世的本领。这也是一种赞美，不过换了个角度罢了。显然，王维是借古人以自喻，表白自己的隐居，也决无傲世之意，颇有点看穿悟透的味道。既然如此，那为什么还要做漆园吏这样的“微官”呢？三、四句“偶寄一微官，婆娑数株树”，含蓄地透露了自己的人生态度。这两句意思说，做一个微不足道的小官，不过是形迹之“偶寄”而已。在王维看来，只要“身心相离，理事俱如”（《与魏居士书》），便无可无不可了。做个漆园吏，正好可借漆园隐逸，以“婆娑数株树”为精神寄托，这样不是也很不错吗?《晋书》中有“此树婆娑，无复生意”的说法，“婆娑”用以指树，形容其枝叶纷披，已无生机。郭璞《客傲》中又有“庄周偃蹇于漆园，老莱婆娑于林窟”的说法，“婆娑”用以状人，形容老莱子放浪山林，纵情自适。王维用在这里，似乎两者兼而取之：言树“婆娑”，是以树喻人；言人“婆娑”，是以树伴人。总之，做这么一个小官，与这么几棵树相伴，隐于斯，乐于斯，终于斯，又复何求哉！这就集中地表现了王维隐逸恬退的生活情趣和自甘淡泊的人生态度。

诗的用典自然贴切，且与作者的思想感情、环境经历融为一体，以至分不清是咏古人还是写自己，深蕴哲理，耐人寻味。

（刘德重）

鸟鸣涧

原文

人闲桂花落，夜静春山空。
月出惊山鸟，时鸣春涧中。

鉴赏

关于这首诗中的桂花，颇有些分歧意见。一种解释是桂花有春花、秋花、四季花等不同种类，此处所写的当是春日开花的一种。另一种意见认为文艺创作不一定要照搬生活，传说王维画的《袁安卧雪图》，在雪中还有碧绿的芭蕉，现实生活中不可能同时出现的事物，在文艺创作中是允许的。不过，这首诗是王维题友人所居的《皇甫岳云溪杂题五首》之一。五首诗每一首写一处风景，接近于风景写生，而不同于一般的写意画，因此，以解释为山中此时实有的春桂为妥。

桂树枝叶繁茂，而花瓣细小，花落，尤其是在夜间，并不容易觉察。因此，开头“人闲”二字不能轻易看过。

“人闲”说明周围没有人事的烦扰，说明诗人内心的闲静。有此作为前提，细微的桂花从枝上落下，才被觉察到了。诗人能发现这种“落”，或仅凭花落在衣襟上所引起的触觉，或凭声响，或凭花瓣飘坠时所发出的一丝丝芬芳。总之，“落”所能影响于人的因素是很细微的。而当这种细微的因素，竟能被从周围世界中明显地感觉出来的时候，诗人则又不禁要为这夜晚的静谧和由静谧格外显示出来的空寂而惊叹了。这里，诗人的心境和春山的环境气氛，是互相契合而又互相作用的。

在这春山中，万籁都陶醉在那种夜的色调、夜的宁静里了。因此，当月亮升起，给这夜幕笼罩的空谷，带来皎洁银辉的时候，竟使山鸟惊觉起来。鸟惊，当然是由于它们已习惯于山谷的静默，似乎连月出也带有新的刺激。但月光之明亮，使幽谷前后景象顿时发生变化，亦可想见。所谓“月明星稀，乌鹊南飞”（三国曹操《短歌行》）是可以供我们联想的。但王维所处的是盛唐时期，不同于建安时代的兵荒马乱，连鸟兽也不免惶惶之感。王维的“月出惊山鸟”，大背景是安定统一的盛唐社会，鸟虽惊，但绝不是“绕树三匝，无枝可依”。它们并不飞离春涧，甚至根本没有起飞，只是在林木间偶尔发出叫声。“时鸣春涧中”，它们与其说是“惊”，不如说是对月出感到新鲜。因而，如果对照曹操的《短歌行》，我们在王维这首诗中，倒不仅可以看到春山由明月、落花、鸟鸣所点缀的那样一种迷人的环境，而且还能感受到盛唐时代和平安定的社会气氛。

王维在他的山水诗里，喜欢创造静谧的意境，这首诗也是这样。但诗中所写的却是花落、月出、鸟鸣，这些动的景物，既使诗显得富有生机而不枯寂，同时又通过动，更加突出地显示了春涧的幽静。动的景物反而能取得静的效果，这是因为事物矛盾着的双方，总是互相依存的。在一定条件下，动之所以能够发生，或者能够为人们所注意，正是以静为前提的。“鸟鸣山更幽”，这里面是包含着艺术辩证法的。

（余恕诚）

山中送别

原文

山中相送罢，日暮掩柴扉。
春草明年绿，王孙归不归？

鉴赏

这首《山中送别》诗，不写离亭饯别的情景，而是匠心别运，选取了与一般送别诗全然不同的下笔着墨之点。

诗的首句“山中相送罢”，在一开头就告诉读者相送已罢，把送行时的话别场面、惜别情怀，用一个看似毫无感情色彩的“罢”字一笔带过。这里，从相送到送罢，跳跃了一段时间。而次句从白昼送走行人一下子写到“日暮掩柴扉”，则又跳跃了一段更长的时间。在这段时间内，送行者的所感所想是什么呢？诗人在把生活剪接入诗篇时，剪去了这一切，都当作暗场处理了。

对离别有体验的人都知道，行人将去的片刻固然令人黯然魂销，但一种寂寞之感、怅惘之情往往在别后当天的日暮时会变得更浓重、更稠密。在这离愁别恨最难排遣的时刻,要写的东西也定必是千头万绪的;可是,诗只写了一个“掩柴扉”的举动。这是山居的人每天到日暮时都要做的极其平常的事情,看似与白昼送别并无关连。而诗人却把这本来互不关联的两件事连在了一起,使这本来天天重复的行动显示出与往日不同的意味,从而寓别情于行间,见离愁于字里。读者自会从其中看到诗中人的寂寞神态、怅惘心情;同时也会想:继日暮而来的是黑夜,在柴门关闭后又将何以打发这漫漫长夜呢?这句外留下的空白,更是使人低回想象于无穷的。

诗的三、四两句“春草明年绿,王孙归不归”,从《楚辞·招隐士》“王孙游兮不归,春草生兮萋萋”句化来。但赋是因游子久去而叹其不归,这两句诗则在与行人分手的当天就惟恐其久去不归。明唐汝询在《唐诗解》中概括这首诗的内容为:“扉掩于暮,居人之离思方深;草绿有时,行人之归期难必。”而“归期难必”,正是“离思方深”的一个原因。“归不归”,作为一句问话,照说应当在相别之际向行人提出,这里却让它在行人已去、日暮掩扉之时才浮上居人的心头,成了一个并没有问出口的悬念。这样,所写的就不是一句送别时照例要讲的话,而是“相送罢”后内心深情的流露,说明诗中人一直到日暮还为离思所笼罩,虽然刚刚分手,已盼其早日归来,又怕其久不归来了。前面说,从相送到送罢,从“相送罢”到“掩柴扉”,中间跳跃了两段时间;这里,在送别当天的日暮时就想到来年的春草绿,而问那时归不归,这又是从当前跳到未来,跳跃的时间就更长了。

王维善于从生活中拾取看似平凡的素材,运用朴素、自然的语言,来显示深厚、真挚的感情,往往味外有味,令人神远。这首《山中送别》诗就是这样。　　　　(陈邦炎)

杂诗（其二）

原文

君自故乡来，应知故乡事。
来日绮窗前，寒梅著花未？

鉴赏

诗中的抒情主人公（“我”，不一定是作者），是一个久在异乡的人，忽然遇上来自故乡的旧友，首先激起的自然是强烈的乡思，是急欲了解故乡风物、人事的心情。开头两句，正是以一种不加修饰、接近于生活的自然状态的形式，传神地表达了“我”的这种感情。“故乡”一词迭见，正表现出乡思之殷；“应知”云云，迹近噜苏，却表现出了解乡事之情的急切，透露出一种儿童式的天真与亲切。纯用白描记言，却简洁地将“我”在特定情形下的感情、心理、神态、口吻等表现得栩栩如生，这其实是很省俭的笔墨。

关于“故乡事”，那是可以开一张长长的问题清单的。初唐的王绩写过一篇

《在京思故园见乡人问》，从朋旧童孩、宗族弟侄、旧园新树、茅斋宽窄、柳行疏密一直问到院果林花，仍然意犹未尽，“羁心只欲问”；而这首诗中的“我”却撇开这些，独问对方：“来日绮窗前，寒梅著花未？”仿佛故乡之值得怀念，就在窗前那株寒梅。这就很有些出乎常情，但又绝非故作姿态。

一个人对故乡的怀念，总是和那些与自己过去生活有密切关系的人、事、物联结在一起。所谓“乡思”，完全是一种“形象思维”，浮现在思乡者脑海中的，都是一个个具体的形象或画面。故乡的亲朋故旧、山川景物、风土人情，都值得怀念。但引起亲切怀想的，有时往往是一些看来很平常、很细小的情事，这窗前的寒梅便是一例。它可能蕴含着当年家居生活亲切有趣的情事。因此，这株寒梅，就不再是一般的自然物，而成了故乡的一种象征。它已经被诗化、典型化了。因此这株寒梅也自然成了“我”的思乡之情的集中寄托。从这个意义上去理解，独问“寒梅著花未”是完全符合生活逻辑的。

古代诗歌中常有这种质朴平淡而诗味浓郁的作品。它质朴到似乎不用任何技巧，实际上却包含着最高级的技巧。像这首诗中的独问寒梅，就不妨看成一种通过特殊体现一般的典型化技巧，而这种技巧却是用一种平淡质朴得如叙家常的形式来体现的。这正是所谓寓巧于朴。王绩的那首《在京思故园见乡人问》，朴质的程度也许超过这首诗，但它那一连串的发问，其艺术力量却远远抵不上王维的这一问。其中消息，不是正可深长思之的吗？

（刘学锴）

相思

原文

红豆生南国，春来[1]发几枝？
愿君多采撷，此物最相思。

〔注〕

① 春来：《王右丞集》作“秋来”。

鉴赏

唐代绝句名篇经乐工谱曲而广为流传者为数甚多。王维《相思》就是梨园弟子爱唱的歌词之一。据说天宝之乱后，著名歌者李龟年流落江南，经常为人演唱它，听者无不动容。

红豆产于南方，结实鲜红浑圆，晶莹如珊瑚，南方人常用以镶嵌饰物。传说古代有一位女子，因丈夫死在边地，哭于树下而死，化为红豆，于是人们又称呼它为“相思子”。唐诗中常用它来关合相思之情。而“相思”不限于男女情爱范围，朋友之间也有相思的，如旧题《李少卿与苏武诗》（其三）“行人难久留，各言长相思”即著例。此诗题一作《江上赠李龟年》，可见诗中抒写的是眷念朋友的情绪。

“南国”（南方）即是红豆产地，又是朋友所在之地。首句以“红豆生南国”起兴，暗逗后文的相思之情。语极单纯，而又富于形象。次句“春来发几枝”轻声一问，承得自然，寄语设问的口吻显得分外亲切。然而单问红豆春来发几枝，是意味深长的，这是选择富于情味的事物来寄托情思。“来日绮窗前，寒梅著花未?”(王维《杂诗》)对于梅树的记忆，反映出了客子深厚的乡情。同样，这里的红豆是赤诚友爱的一种象征。这样写来，便觉语近情遥，令人神远。

第三句紧接着寄意对方“多采撷”红豆，仍是言在此而意在彼。以采撷植物来寄托怀思的情绪，是古典诗歌中常见手法，如汉代《古诗十九首》之一:“涉江采芙蓉，兰泽多芳草。采之欲遗谁？所思在远道”即著例。“愿君多采撷”似乎是说:“看见红豆，想起我的一切吧。”暗示远方的友人珍重友谊，语言恳挚动人。这里只用相思嘱人，而自己的相思则见于言外。用这种方式透露情怀，婉曲动人，语意高妙。宋人洪迈编《万首唐人绝句》，此句“多”字作“休”。用“休”字反衬离情之苦，因相思转怕相思，当然也是某种境况下的人情状态。其辞虽异，情同一怀。“多采撷”犹言“勿忘我”，“休采撷”犹言“忘记我”，表达的都是相思的深情，手法各有千秋。末句点题，“相思”与首句“红豆”呼应，既是切“相思子”之名，又关合相思之情，有双关的妙用。“此物最相思”就像说：只有这红豆才最惹人喜爱，最叫人忘不了呢。这是补充解释何以“愿君多采撷”的理由。而读者从话中可以体味到更多的东西。诗人真正不能忘怀的，不言自明。一个副词“最”，意味极深长，更增加了双关语中的含蕴。

全诗洋溢着少年的热情，青春的气息，满腹情思始终未曾直接表白，句句话儿不离红豆，而又“超以象外，得其环中”，把相思之情表达得入木三分。它“一气呵成，亦须一气读下”，极为明快，却又委婉含蓄。在生活中，最情深的话往往朴素无华，自然入妙。王维很善于提炼这种素朴而典型的语言来表达深厚的思想感情。所以此诗语浅情深，当时就成为流行名歌是毫不奇怪的。

（周啸天）

书事

原文

轻阴阁小雨，深院昼慵开。
坐看苍苔色，欲上人衣来。

鉴赏

这是一首即事写景之作。题为“书事”，是诗人就眼前事物抒写自己顷刻间的感受。

开头两句，写眼前景而传心中情。濛濛细雨刚刚停止，天色转为轻阴。雨既止，诗人便缓步走向深院。是到外面去散心吗？不，虽是白昼，还懒得去开那院门。这里“阁”，同“搁”，意谓停止。用在此处别有趣味，仿佛是轻阴迫使小雨停止。淡淡两句，把读者带到一片宁静的小天地中，而诗人好静的个性和疏懒的情调也在笔墨间自然流露。三、四两句变平淡为活泼，别开生面，引人入胜。诗人漫无目的在院内走着，然后又坐下来，观看深院景致。映入眼帘的是一片绿茸茸的青苔，清新可爱，充满生机。看着，看着，诗人竟产生一种幻觉：那青苔好像要从地上蹦跳起来，像天真烂漫的孩子，亲昵地依偎到自己的衣襟上来。这种主观幻觉，正是雨后深院一派地碧苔青的幽美景色的夸张反映，有力地烘托出深院的幽静。青苔本是静景，它怎能给诗人以动的幻觉呢？要知道，经过小雨滋润过的青苔，轻尘涤净，格外显得青翠。它那鲜美明亮的色泽，特别引人注目，让人感到周围的一切景物都映照了一层绿光，连诗人的衣襟上似乎也有了一点“绿意”。这是自然万物在宁静中蕴含的生机。诗人捕捉住触发灵感的诗意，通过移情作用和拟人手法，化无情之景为有情之物。“欲上人衣来”这一神来之笔，巧妙地表达自己欣喜、抚爱的心情和新奇、独特的感受。

这首小诗神韵天成，意趣横生。诗人从自我感受出发，极写深院青苔的美丽、可爱，从中透露出对清幽恬静生活的陶醉之情，诗人好静的个性与深院小景浑然交融，创造了一个物我相生、既宁静而又充满生命活力的意境。

（林家英）

山中

原文

荆溪白石出，天寒红叶稀。

山路元[1]无雨，空翠湿人衣。

〔注〕

① 元：通“原”，原来，本来。

鉴赏

这首小诗描绘初冬时节山中景色。

首句写山中溪水。荆溪，本名长水，又称浐水，源出陕西蓝田县(今属西安市)西南秦岭山中，北流至长安东北入灞水。这里写的大概是穿行在山中的上游一段。山路往往傍着溪流，山行时很容易首先注意到蜿蜒曲折、似乎与人做伴的清溪。天寒水浅，山溪变成涓涓细流，露出磷磷白石，显得特别清浅可爱。由于抓住了冬寒时山溪的主要特征，读者不但可以想见它清澄莹澈的颜色，蜿蜒穿行的形状，甚至仿佛可以听到它潺潺流淌的声音。

次句写山中红叶。绚烂的霜叶红树，本是秋山的特点。入冬天寒，红叶变得稀少了；这原是不大引人注目的景色。但对王维这样一位对大自然的色彩有特殊敏感的诗人兼画家来说，在一片浓翠的山色背景上(这从下两句可以看出)，这里那里点缀着的几片红叶，有时反倒更为显眼。它们或许会引起诗人对刚刚逝去的绚烂秋色的遐想呢。所以，这里的“红叶稀”，并不给人以萧瑟、凋零之感，而是引起对美好事物的珍重和流连。

如果说前两句所描绘的是山中景色的某一两个局部，那么后两句所展示的却是它的全貌。尽管冬令天寒，但整个秦岭山中，仍是苍松翠柏，蓊郁青葱，山路就穿行在无边的浓翠之中。苍翠的山色本身是空明的，不像有形的物体那样可以触摸得到，所以说“空翠”。“空翠”自然不会“湿衣”，但它是那样地浓，浓得几乎可以溢出翠色的水分，浓得几乎使整个空气里都充满了翠色的分子，人行空翠之中，就像被笼罩在一片翠雾之中，整个身心都受到它的浸染、滋润，而微微感觉到一种细雨湿衣似的凉意，所以尽管“山路元无雨”，却自然感到“空翠湿人衣”了。这是视觉、触觉、感觉的复杂作用所产生的一种似幻似真的感受，一种心灵上的快感。“空”字和“湿”字的矛盾，也就在这种心灵上的快感中统一起来了。

张旭的《山中留客》说：“纵使晴明无雨色，入云深处亦沾衣。”“沾衣”是实写，展示了云封雾锁的深山另一种美的境界；王维这首《山中》的“湿衣”却是幻觉和错觉，抒写了浓翠的山色给人的诗意感受。同样写山中景物，同样写到了沾衣，却同工异曲，各臻其妙。真正的艺术是永远不会重复的。

这幅由白石磷磷的小溪、鲜艳的红叶和无边的浓翠所组成的山中冬景，色泽斑斓鲜明，富于诗情画意，毫无萧瑟枯寂的情调。和作者某些专写静谧境界而不免带有清冷虚无色彩的小诗比较，这一首所流露的感情与美学趣味都似乎要更温暖和积极一些。

（刘学锴）

田园乐（其六）

原文

桃红复含宿雨，
柳绿更带朝烟。
花落家童未扫，
莺啼山客犹眠。

鉴赏

《田园乐》是由七首六言绝句构成的组诗，写作者退居辋川别墅与大自然亲近的乐趣，所以一题作“辋川六言”。这里选的是其中一首。诗中写到春“眠”“莺啼”“花落”“宿雨”，容易令人想起孟浩然的五绝《春晓》。两首诗写的生活内容有那么多相类之处，而意境却很不相同。彼此相较，最易见出王维此诗的两个显著特点。

第一个特点是绘形绘色，诗中有画。这并不等于说孟诗就无画，只不过孟诗重在写意，虽然也提到花鸟风雨，但并不细致描绘，它的境是让读者从诗意间接悟到的。王维此诗可完全不同，它不但有大的构图，而且有具体鲜明的设色和细节描画，使读者先见画，后会意。

写桃花、柳丝、莺啼，捕捉住春天富于特征的景物。这里，桃、柳、莺都是确指，比孟诗一般地提到花、鸟更具体，更容易唤起直观印象。通过“宿雨”“朝烟”来写“夜来风雨”，也显然有同样艺术效果。在勾勒景物基础上，进而再着色。“红”“绿”两个颜色字的运用，使景物鲜明怡目，读者眼前会展现一派柳暗花明的图画。“桃之夭夭，灼灼其华”（《诗经·桃夭》），加上“杨柳依依”，景物宜人。着色之后还有进一层的渲染：深红浅红的花瓣上略带隔夜的雨滴，色泽更柔和可爱，雨后空气澄鲜，弥散着冉冉花香，使人心醉；碧绿的柳丝笼在一片若有若无的水烟中，更袅娜迷人。经过层层渲染、细致描绘，诗境自成一幅工笔重彩的图画；相比之下，孟诗则似不着色的写意画。一个妙在有色，一个妙在无色。孟诗从“春眠不觉晓”写起，先见人，后入境。王诗正好相反，在入境后才见到人。因为有“宿雨”，所以有“花落”。花落就该打扫，然而“家童未扫”。未扫非不扫，乃是因为清晨人尚未起的缘故。这无人过问满地落花的情景，不是别有一番清幽的意趣么？这正是王维所偏爱的境界。“未扫”二字有意无意得之，毫不着力，浑然无迹。末了写到“莺啼”，莺啼却不惊梦，山客犹自酣睡，这正是一幅“春眠不觉晓”的入神图画。但与孟诗又有微妙的差异，孟诗从“春眠不觉晓”写起，其实人已醒了，所以有“处处闻啼鸟”的愉快和“花落知多少”的悬念，其意境可用“春意闹”的“闹”字概括。此诗最后才写到春眠，人睡得酣恬安稳，于身外之境一无所知。花落莺啼虽有动静有声响，只衬托得“山客”的居处与心境越见宁静，所以其意境主在“静”字上。王维之“乐”也就在这里。人们说他的诗有禅味，并没有错。崇尚静寂的思想固有消极的一面，然而，王维诗难能可贵在它的静境，与寂灭到底有不同。他能通过动静相成，写出静中的生趣，给人的感觉仍是清新明朗的，美的。唐诗有意境浑成的特点，但具体表现时仍有两类，一种偏于意，让人间接感到境，如孟诗《春晓》就是；另一种偏于境，让人从境中悟到作者之意，如此诗就是。而由境生情，诗中有画，是此诗最显著优点。

第二个特点是对仗工致，音韵铿锵。孟诗《春晓》是古体五言绝句，在格律和音律上都很自由。由于孟诗散行，意脉一贯，有行云流水之妙。此诗则另有一工，因属近体六言绝句，格律极精严。从骈偶上看，不但“桃红”与“柳绿”、“宿雨”与“朝烟”等实词对仗工稳，连虚词的对仗也很经心。如“复”与“更”相对，在句中都有递进诗意的作用；“未”与“犹”对，在句中都有转折诗意的作用。“含”与“带”两个动词在词义上都有主动色彩，使客观景物染上主观色彩，十分生动。且对仗精工，看去一句一景，彼此却又呼应联络，浑成一体。“桃红”“柳绿”“宿雨”“朝烟”，彼此相关，而“花落”句承“桃”而来，“莺啼”句承“柳”而来，“家童未扫”与“山客犹眠”也都是呼应着的。这里表现出的是人工剪裁经营的艺术匠心，画家构图之完美。对仗之工加上音律之美，使诗句念来铿锵上口。中国古代诗歌以五、七言为主体，六言绝句在历代并不发达，佳作尤少，王维的几首可以算是凤毛麟角了。

（周啸天）

少年行（其一）

原文

新丰美酒斗十千，
咸阳游侠多少年。
相逢意气为君饮，
系马高楼垂柳边。

鉴赏

《少年行》是王维的七绝组诗，共四首，分咏长安少年游侠高楼纵饮的豪情，报国从军的壮怀，勇猛杀敌的气概和功成无赏的遭遇。各首均可独立，合起来又是一个整体，好像人物故事衔接的四扇画屏。

这是第一首，写少年游侠的日常生活。要从日常生活的描写中显示出少年游侠的精神风貌，选材颇费踌躇。诗人精心选择了高楼纵饮这一典型场景。游侠重意气，重然诺，而这种性格又总是和“使酒”密不可分，所谓“三杯吐然诺，五岳倒为轻”。这就把饮酒的场景写活，少年游侠的形象也就跃然纸上了。

前两句分写“新丰美酒”与“咸阳游侠”。二者本不一定相关，这里用对举方式来写，却给人这样的感觉：京华地区，著称于世的人和物虽多，却只有少年游侠堪称人中之杰，新丰美酒堪称酒中之冠。而这二者，又像“快马须健儿，健儿须快马”那样，存在着密不可分、相得益彰的关系。新丰美酒，似乎天生就为少年游侠增色而设；少年游侠，没有新丰美酒也显不出他们的豪纵风流。第一句把酒写得很足，第二句写游侠，只须从容承接，轻轻一点，少年们的豪纵不羁之气、挥金如土之概都可想见。同时，这两句一张一弛的节奏、语调，还构成了一种特有的轻爽流利的风调，吟诵之余，少年游侠顾盼自如、风流自赏的神情也宛然在目了。

前两句写了酒，也写了少年游侠，第三句“相逢意气为君饮”把二者联结在一起。“意气”包含的内容很丰富，轻生报国的壮烈情怀，重义疏财的侠义性格，豪纵不羁的气质，使酒任性的作风，等等，都是侠少的共同特点，都可以包含在这似乎无所不包的“意气”之中。而这一切，对侠少们来说，无须经过长期交往，只要相逢片刻，攀谈数语，就可以彼此倾心，一见如故。这就是所谓“相逢意气”。路逢知己，彼此都感到要为对方干上一杯，所以说“为君饮”，这三个字宛然侠少声口。不过是平常的相逢论交，在诗人笔下，被描绘得多么有声有色，多么富于动作性、戏剧性！

“系马高楼垂柳边”，这是生动精彩的一笔。本来就要借饮酒写少年游侠，上句又已点明“为君饮”，箭在弦上，落句似必写宴饮场面。然而作者的笔却只写到酒楼前就戛然而止。“三杯吐然诺，五岳倒为轻。眼花耳热后，意气素霓生”（李白《侠客行》）等情景统统留到幕后。这样侧面虚写要比正面实写宴饮场景有诗意得多，含蕴丰富得多。诗人的意图，看来是要写出一种侠少特有的富于诗意的生活情调、精神风貌，而这，不是靠描摹宴饮场面能达到的。虚处传神，末句所用的正是这种艺术手法。这一句是由马、高楼、垂柳组成的一幅画面。马是侠客不可分的伴侣，写马，正所以衬托侠少的英武豪迈。高楼则正是在繁华街市上那所备有新丰美酒的华美酒楼了。高楼旁的垂柳，则与之相映成趣。它点缀了酒楼风光，使之在华美、热闹中显出雅致、飘逸，不流于市井的鄙俗。而这一切，又都是为了创造一种富于浪漫气息的生活情调，为突出侠少的精神风貌服务。

同样写少年游侠，高適的"未知肝胆向谁是，令人却忆平原君"(《邯郸少年行》)，就显然渗透了诗人自己沉沦不遇的深沉感慨；而王维笔下的少年游侠，则具有相当浓厚的浪漫气息和理想化色彩。但这种理想化并不给人任何虚假之感，关键就在于诗中洋溢着浓郁的生活气息和诗人对这种生活的诗意感受。

（刘学锴）

九月九日忆山东兄弟

原文

独在异乡为异客，
每逢佳节倍思亲。
遥知兄弟登高处，
遍插茱萸少一人。

鉴赏

王维是一位早熟的作家，少年时期就创作了不少优秀的诗篇。这首诗就是他十七岁时的作品。和他后来那些富于画意、构图设色非常讲究的山水诗不同，这首抒情小诗写得非常朴素。但千百年来，人们在作客他乡的情况下读这首诗，却都强烈地感受到了它的艺术力量。这种艺术力量，首先来自它的朴质、深厚和高度的艺术概括。

诗因重阳节思念家乡的亲人而作。王维家居蒲州（今山西永济），在华山之东，所以题称“忆山东兄弟”。写这首诗时，他大概正在长安谋取功名。繁华的帝都对当时热衷仕进的年轻士子虽有很大吸引力，但对一个少年游子来说，毕竟是举目无亲的“异乡”；而且越是繁华热闹，在茫茫人海中的游子就越显得孤孑无亲。第一句用了一个“独”字，两个“异”字，分量下得很足。对亲人的思念，对自己孤孑处境的感受，都凝聚在这个“独”字里面。“异乡为异客”，不过说他乡作客，但两个“异”字所造成的艺术效果，却比一般地叙说他乡作客要强烈得多。在自然经济占主要地位的封建时代，不同地域之间的风土、人情、语言、生活习惯差别很大，离开多年生活的故乡到异地去，会感到一切都陌生、不习惯，感到自己是漂浮在异地生活中的一叶浮萍。“异乡”“异客”，正是朴质而真切地道出了这种感受。作客他乡者的思乡怀亲之情，在平日自然也是存在的，不过有时不一定是显露的，但一旦遇到某种触媒——最常见的是“佳节”——就很容易爆发出来，甚至一发而不可抑止。这就是所谓“每逢佳节倍思亲”。佳节，往往是家人团聚的日子，而且往往和对家乡风物的许多美好记忆联结在一起，所以“每逢佳节倍思亲”就是十分自然的了。这种体验，可以说人人都有，但在王维之前，却没有任何诗人用这样朴素无华而又高度概括的诗句成功地表达过。而一经诗人道出，它就成了最能表现客中思乡感情的格言式的警句。

前两句，可以说是艺术创作的“直接法”——几乎不经任何迂回，而是直插核心，迅即形成高潮，出现警句。但这种写法往往使后两句难以为继，造成后劲不足。这首诗的后两句，如果顺着“佳节倍思亲”作直线式的延伸，就不免蛇足；转出新意而再形成新的高潮，也很难办到。作者采取另一种方式：紧接着感情的激流，出现一泓微波荡漾的湖面，看似平静，实则更加深沉。

重阳节有登高的风俗，登高时佩戴茱萸囊，据说可以避灾。茱萸，一名越椒，一种有香气的植物。三、四两句，如果只是一般化地遥想兄弟如何在重阳日登高，佩戴茱萸，而自己独在异乡，不能参与，虽然也写出了佳节思亲之情，但会显得平直，缺乏新意与深情。诗人遥想的却是“遍插茱萸少一人”。意思是说，远在故乡的兄弟们今天登高时身上都佩戴了茱萸，却发现少了一位兄弟——自己不在内。好像遗憾的不是自己未能和故乡的兄弟共度佳节，反倒是兄弟们佳节未能完全团聚；似乎自己独在异乡为异客的处境并不值得诉说，反倒是兄弟们的缺憾更须体贴。这就曲折有致，出乎常情。而这种出乎常情之处，正是它的深厚处、新警处。杜甫的《月夜》“遥怜小儿女，未解忆长安”，和这两句异曲同工，而王诗似乎更不着力。

（刘学锴）

送元二使安西

原文

渭城朝雨浥轻尘，
客舍青青柳色新。
劝君更尽一杯酒，
西出阳关无故人。

鉴赏

这是一首送朋友去西北边疆的诗。安西，是唐中央政府为统辖西域地区而设的安西都护府的简称，治所在龟兹城(今新疆库车)。这位姓元的友人是奉朝廷的使命前往安西的。唐代从长安往西去的，多在渭城送别。渭城即秦都咸阳故城，在长安西北，渭水北岸。

前两句写送别的时间、地点、环境气氛。清晨，渭城客舍，自东向西一直延伸、不见尽头的驿道，客舍周围、驿道两旁的柳树。这一切，都仿佛是极平常的眼前景，读来却风光如画，抒情气氛浓郁。“朝雨”在这里扮演了一个重要的角色。早晨的雨下得不久，刚刚润湿尘土就停了。从长安西去的大道上，平日车马交驰，尘土飞扬，而现在，朝雨乍停，天气清朗，道路显得洁净、清爽。“浥轻尘”的“浥”字是湿润的意思，在这里用得很有分寸，显出这雨澄尘而不湿路，恰到好处，仿佛天从人愿，特意为远行的人安排一条轻尘不扬的道路。客舍，本是羁旅者的伴侣；杨柳，更是离别的象征。选取这两件事物，自然有意关合送别。它们通常总是和羁愁别恨联结在一起而呈现出黯然销魂的情调。而今天，却因一场朝雨的洒洗而别具明朗清新的风貌——“客舍青青柳色新”。平日路尘飞扬，路旁柳色不免笼罩着灰蒙蒙的尘雾，一场朝雨，才重新洗出它那青翠的本色，所以说“新”，又因柳色之新，映照出客舍青青来。总之，从清朗的天宇，到洁净的道路，从青青的客舍，到翠绿的杨柳，构成了一幅色调清新明朗的图景，为这场送别提供了典型的自然环境。这是一场深情的离别，但却不是黯然销魂的离别。相反地，倒是透露出一种轻快而富于希望的情调。“轻尘”“青青”“新”等词语，声韵轻柔明快，加强了读者的这种感受。

绝句在篇幅上受到严格限制。这首诗，对如何设宴饯别，宴席上如何频频举杯、殷勤话别，以及启程时如何依依不舍，登程后如何瞩目遥望，等等，一概舍去，只剪取饯行宴席即将结束时主人的劝酒辞：再干了这一杯吧，出了阳关，可就再也见不到老朋友了。诗人像高明的摄影师，摄下了最富表现力的镜头。宴席已经进行了很长一段时间，酿满别情的酒已经喝过多巡，殷勤告别的话已经重复过多次，朋友上路的时刻终于不能不到来，主客双方的惜别之情在这一瞬间都到达了顶点。主人的这句似乎脱口而出的劝酒辞就是此刻强烈、深挚的惜别之情的集中表现。

三、四两句是一个整体。要深切理解这临行劝酒中蕴含的深情，就不能不涉及“西出阳关”。处于河西走廊尽西头的阳关，和它北面的玉门关相对，从汉代以来，一直是内地出向西域的通道。唐代国势强盛，内地与西域往来频繁，从军或出使阳关之外，在盛唐人心目中是令人向往的壮举。但当时阳关以西还是穷荒绝域，风物与内地大不相同。朋友“西出阳关”，虽是壮举，却又不免经历万里长途的跋涉，备尝独行穷荒的艰辛寂寞。因此，这临行之际“劝君更尽一杯酒”，就像是浸透了诗人全部丰富深挚情谊的一杯浓郁的感情琼浆。这里面，不仅有依依惜别的情谊，而且包含着对远行者处境、心情的深情体贴，包含着前路珍重的殷勤祝愿。对于送行者来说，劝对方“更尽一杯酒”，不只是让朋友多带走自己的一分情谊，而且有意无意地延宕分手的时间，好让对方再多留一刻。“西出阳关无故人”之感，又何尝只属于行者呢？临别依依，要说的话很多，但千头万绪，一时竟不知从何说起。这种场合，往往会出现无言相对的沉默，“劝君更尽一杯酒”，就是不自觉地打破这种沉默的方式，也是表达此刻丰富复杂感情的方式。诗人没有说出的比已经说出的要丰富得多。总之，三、四两句所剪取的虽然只是一刹那的情景，却是蕴含极其丰富的一刹那。

这首诗所描写的是一种最有普遍性的离别。它没有特殊的背景，而自有深挚的惜别之情，这就使它适合于绝大多数离筵别席演唱，后来编入乐府，成为唐代最流行、传唱最久的歌曲。

（刘学锴）

送沈子福之江东

原文

杨柳渡头行客稀，罟师[1]荡桨向临圻。

惟有相思似春色，江南江北送君归。

〔注〕

① 罟(gǔ)师：渔人，这里指船夫。

鉴赏

王维大约在开元二十八、二十九年(740、741)知南选，至襄阳(今属湖北)。他集子里现存《汉江临眺》《晓行巴峡》等诗，可见他在江汉的行踪不止襄阳一处。沈子福，生平不详。长江从九江以下往东北方向流。江东，指长江下游以东地区。看诗题和头两句的意思，这诗当是作者在长江上游送沈子福顺流而下归江东之作。

渡头是送客之地，杨柳是渡头现成之景。唐人有折柳送行的习俗。这里写杨柳，不仅写现成之景，更是烘托送别气氛。行客已稀，见境地的凄清，反衬出送别友人的依依不舍之情。第一句点明送别之地。第二句点出“归江东”题意。临圻，当指友人所去之地。

友人乘船而去，诗人依依不舍，望着大江南北两岸，春满人间，春光荡漾，桃红柳绿，芳草萋萋。这时，诗人感觉到自己心中的无限依恋惜别之情，就像眼前的春色无边无际。诗人忽发奇想：让我心中的相思之情也像这无处不在的春色，从江南江北，一齐扑向你，跟随着你归去吧！“惟有相思似春色，江南江北送君归”，多么美丽的想象，多么蕴藉而深厚的感情！将自然界的春色比心灵中的感情，即景寓情，情与景妙合无间，极其自然。状难写之景如在目前，便算是诗家能事。这里借难写之景以抒无形之情，功夫当然又深了一层。写离情别绪哀而不伤，形象丰满，基调明快，这是盛唐诗歌的特色。五代牛希济《生查子》有这样两句：“记得绿罗裙，处处怜芳草。”写的是少妇对远行人临别的叮咛：记住我的绿罗裙吧！你无论到哪里，那里的芳草都呈现着我的裙色，都凝结着我对你的相思，你要怜惜它啊！——这话也讲得非常之含蓄，非常之婉转，非常之好。与王维“惟有相思似春色，江南江北送君归”诗句比较，手法相同，思路相近，但感情一奔放一低回，风格一浑成一婉约，各具姿态，而又同样具有动人的艺术魅力。

（陈贻焮）

伊州歌

原文

清风明月苦相思，
荡子从戎十载余。
征人去日殷勤嘱，
归雁来时数附书。

鉴赏

“伊州”为曲调名。王维的这首绝句是当时梨园传唱的名歌，语言平易可亲，意思显豁好懂，写来似不经意。这是艺术上臻于化工、得鱼忘筌的表现。

“清风明月”两句，展现出一位女子在秋夜里苦苦思念远征丈夫的情景。它的字句使人想起古诗人笔下“青青河畔草，郁郁园中柳。盈盈楼上女，皎皎当窗牖。……荡子行不归，空床难独守”(《古诗十九首》)的意境。这里虽不是春朝，却是同样美好的一个秋晚，一个“清风明月”的良宵。虽是良宵美景，然而“十分好月，不照人圆”，给独处人儿更添凄苦。这种借风月以写离思的手法，古典诗词中并不少见，王昌龄诗云：“送君归去愁不尽，又惜空度凉风天。”(《送狄宗亨》)到宋柳永词则更有拓展:“今宵酒醒何处,杨柳岸晓风残月。此去经年,应是良辰好景虚设。便纵有千种风情,更与何人说!”(《雨霖铃》)意味虽然彼此相近,但“可惜”的意思、“良辰好景虚设”等意思,在王维诗中表现更为蕴藉不露。

“一日不见,如三秋兮”,何况一别就是十来年,“相思”怎得不“苦”? 但诗中女子的苦衷远不止此。

后两句运用逆挽(即叙事体裁中的“倒叙”)手法,引导读者随女主人公的回忆,重睹发生在十年前一幕动人的生活戏剧。也许是在一个长亭前,那送行女子对即将入伍的丈夫说不出更多的话,千言万语化成一句叮咛:“当大雁南归时,书信可要多多地寄啊。”嘱是“殷勤嘱”,要求是“数(多多)附书”,足见她怎样地盼望期待了。这一逆挽使读者的想象在更广远的时空驰骋,对“苦相思”三字的体味更加深细了。

这两句不单纯是个送别场面,字里行间回荡着更丰饶的弦外之音。特别把“归雁来时数附书”的旧话重提,大有文章。那征夫去后是否频有家书寄内,以慰寂寥呢? 恐怕未必。邮递条件远不那么便利;最初几年音信自然多一些,往后就难说了。久不写信,即使提笔,反有不知从何说起之感,干脆不写的情况也是有的。至于意外的情况就更难说了。总之,那女子旧事重提,不为无因。“苦相思”三字,尽有不同寻俗的具体内容,耐人玩索。

进一步,还可比较类似诗句,岑参《玉关寄长安主簿》“东去长安万里余,故人何惜一行书”,张旭《春草》“情知海上三年别,不寄云间一纸书”。岑、张句一样道出亲友音书断绝的怨苦心情,但都说得直截了当。而王维句却有一个回旋,只提叮咛附书之事,音书阻绝的意思表达得相当曲折,怨意自隐然不露,尤有含蓄之妙。

此诗艺术构思的巧妙，主要表现在“逆挽”的妙用。然而，读者只觉其平易亲切，毫不着意，娓娓动人。这正是诗艺炉火纯青的表现。

（周啸天）

冬夜书怀[1]

原文

冬宵寒且永[2]，夜漏[3]宫中发。

草白霭[4]繁霜，木衰澄清月。

丽服映颓颜[5]，朱灯[6]照华发。

汉家方尚少[7]，顾影惭朝谒[8]。

〔注〕

① 一作《冬夜抒怀》。

② 永：长久。

③ 夜漏：漏为古代计时器，铜制有孔，可以滴水或漏沙，有刻度标志以计时间。

④ 霭：密布，浓厚。

⑤ 颓颜：衰朽的容颜。

⑥ 朱灯：红灯。

⑦ 尚少：推重年少者。《后汉书·张衡传》注引《汉武故事》曰："上至郎署，见一老郎，庞眉皓发，问：'何时为郎，何其老也？'对曰：'臣姓颜名驷，以文帝时为郎。文帝好文，而臣好武；景帝好老，而臣独少；陛下好少，而臣已老。以是三叶不遇也。'上感其言，擢为会稽都尉。"

⑧ 朝谒：上朝参见天子。

鉴赏

据诗意推断，此诗乃王维晚年之作。王维在青壮年时期，仕途并不稳定。二十出头甫任太乐丞，就因不谙礼制、违礼舞狮被贬至济州为官；其后长期过着亦官亦隐的生活，先后隐居于淇水（河南北部淇河）、嵩山、终南山、蓝田辋川等地；“安史之乱”期间，又被迫任伪职，战乱平息后唐肃宗惩治投靠叛贼者，王维被拘，后经其弟王缙求情方得赦免。四十五岁以后，仕途方才转入平顺，六十一岁卒时官至尚书右丞。（王维生平事迹可参见陈铁民《王维集校注·王维年谱》。）后期这十六年的宦途平顺对王维而言不能不说是迟来的器重，于是身任要职却渐感迟暮之哀的至深感慨便通过《冬夜书怀》这首诗表达了出来。

诗歌描写了冬夜早朝的准备，由此引发了垂垂老矣的自愧之情。对于待漏早朝的人而言，冬夜的寒冷和漫长最是难耐，当隐约听到宫城中传出漏鼓报时的声音时，年事已高的诗人已早早开始准备了。首联的两句中，烘托出冬夜难眠、漫漫等待的诗人形象，流露出上朝前略显紧张的心理。

接下来的颔颈二联乃一篇之警策。通过映衬的手法写景，是两联笔法相同之处。“草白”二句是对室外之景的细腻体察：草色泛白，方显得繁霜霭密；木叶尽脱，才显得清朗的月色越发澄明。顿时营造出萧飒的意境，照应铺写首句之“寒”。进而以“丽服”二句描写穿上官服时的惊诧感：鲜丽的官服披身，面容更显苍老衰颓；在朱灯的映照下，头上白发也越发清晰。两联之间也在相互映衬，“草白”映照“华发”，“木衰”映照“颓颜”，“繁霜”映衬“丽服”，“清月”映衬“朱灯”，遂使冬夜室外凄寒之景与室内衰老之人形成了并列的画面，景物成为人的衰朽心境的外化。意象的组织，则是两联笔法相异之处。颔联中白草、衰木、繁霜、清月的意象并置，营造出凄寒的景色，景物间具有趋同性；颈联的丽服、朱灯则与颓颜、华发形成强烈的对比，利用了人与景物间的差异性。两联笔法同中有异，可见作者之费心经营。在语词的择取方面，延续了自汉末建安以来五言景句注重锤炼第三字的特色，如颔联的“霭”与“澄”本可置于句末，作者为强调霜浓与月清，有意挪至中间位置，使形容词动态化，相当老成地呈现了景物相互映发的效果，并形成了“二一二”节拍的抑扬顿挫美。

人生得意少年时，如今颓然老矣，华灯之下，怎能不顾影自怜呢？于是作者要在这冬夜赋诗书怀。尾联借用汉代“白首为郎”的典故，透露出作者对晚年方得重用的感慨，也包含着暮年仍居官位的惭愧之情。

王维诗歌文藻秀出，冠绝一时，于此诗可窥一斑。诗中景物与心境的完美融合、诗意间的前后回环，是其最大的艺术亮点。

（刘燕歌）

早入荥阳界

原文

泛舟入荥泽，兹邑乃雄藩。
河曲[①]闾阎[②]隘，川中烟火繁。
因人见风俗，入境闻方言。
秋野田畴盛，朝光[③]市井喧。
渔商波上客，鸡犬岸旁村。
前路白云外，孤帆安可论。

〔注〕

① 河曲：河流迂曲的地方。
② 闾阎：平民所住房屋。
③ 朝光：朝阳，晨光。

鉴赏

王维才华颖异，弱冠之年便中进士。然而初入仕途，就遭到打击。开元九年(721)，他被贬济州(今山东茌平)，任司仓参军。遭贬的原因据说是他以太乐丞身份"为伶人舞黄师(狮)子"，黄狮子舞是专供皇帝欣赏的舞蹈，王维私下命伶人舞，违犯礼法，故被贬(参见《集异记》)。可见初入仕途的王维并不深谙官场禁忌，他在《被出济州》诗中感慨道："微官易得罪，谪去济川阴。"赴济州途中，作者泛舟黄河而下，亲睹了黄河沿岸的名城胜迹，听闻了各地的贤士高节，间以诗歌记之。《早入荥阳界》和《登河北城楼作》等作品皆为赴任途中咏怀胜迹的行旅诗。

作者止泊的荥阳，地处今河南郑州一带，因南部有荥泽而得名。这是一座有着悠久历史的文化名城。战国时代，这里就是群雄逐鹿的重要战场，《史记·张仪列传》中有"东取成皋、荥阳"的记载，可见荥阳乃兵家必争的军事重镇。唐人胡曾《咏史诗·荥阳》"汉祖东征屈未伸，荥阳失律纪生焚。当时天下方龙战，谁为将军作诔文"咏的便是项羽围刘邦于荥阳城的故事。作者一入荥阳界，便感受到此邑的"雄藩"气象。紧随二句，描绘了当地奇特的地理形貌：河曲之处，闾阎耸于岩峣峰岭，极其险隘。河中渔船鳞次栉比，渔烟袅袅。据付东菊主编《荥阳文物古迹》一书介绍，今荥阳市内留有建于沟壑峰岭之上的一座古城遗址——成皋城，"其城北临黄河，东临汜水河谷，西、南临深渊大沟，平面呈不规则的梯形，面积约 60 万平方米。城墙依山就势，凸凹曲折，很不规则"。王维这两句描写的应该就是遥望成皋城所见景象。唐人吕温《道州途中即事》也有对荥阳景象的描绘："岩壑千家接，松萝一径通。渔烟生缥缈，犬吠隔笼葱。"与王维所写十分吻合。

中间"因人"以下六句，以两两相得益彰的画面勾绘了一幅鲜活生动的"荥阳民风图"。第一组图景是观风俗：作者初入陌生地区，顿感风声习气皆与长安有所差别，于是"因人"而"闻方言"，而后知异地之风俗民情。第二组图景是郊野和市井的对比：放眼望去，沃野平旷，一派繁茂丰收气象；晨光乍吐，人们鬻货于市，曼声高呼，一片喧嚣熙攘。由安静的田野写到庞杂的市声，如同镜头的转移。第三幅图景则是水中和岸边的景象对比:正是捕鱼的旺季,河面上渔船来来往往,渔商长年客居水上,他们为着丰厚的利润而奔波;而岸旁乡村田园的气息扑面而来,村落中鸡犬之声相闻,好似没有被这水上逐利之人所打扰似的。这六句呈现了荥阳城的生机和活力,这里浓郁的市井商业气息与淳朴的田园生活并存,是作者最突出的感受。

然而,毕竟是遭贬之人,看到荥阳这一片熙攘的景象,难免有异乡孤独之感,加之赴任之行充满迷茫,政治前途难以预料,于是诗的末尾自然发出“前路白云外,孤帆安可论”的慨叹,这一叶孤舟,天涯飘零,何时才能觅到远在白云外的前路呢?在意象的选取上,作者颇费心思,诗中出现的“烟火繁”“田畴盛”“市井喧”“波上客”“岸旁村”等意象,都有意无意地与羁宦之人的“孤”形成了对比,最终引出了前路渺茫的情绪。

清代学者包世臣云:“古之游也有道,遇山川,则究其形胜厄塞;遇平原,则究其饶确与谷木之所宜;遇城邑,则究其阴阳流泉,而验人心之厚薄,生计之攻苦;遇农夫野老,则究其作力之法,勤惰之效;遇舟子,则究水道之原委;遇走卒,则究道里之险易迂速与水泉之甘苦羡耗,而以古人之已事,推测其变通之故。所至又有贤士大夫讲贯切磋,以增益其所不及,故游愈疲,则见闻愈广,研究愈精,而足长才也。”(《小倦游阁记》)途经荥阳这座历史名城,王维亲览了荥阳山川之胜概,了解了当地的风土民情,领略了荥阳的繁华富庶,使宦游成为周览四方以自广的机会。

全诗真朴自然,平淡不奇,然描写层次分明,意脉有序。由荥阳的文化概况至于具体地貌景观、世风民情,从宏观的印象至于细节的观察,由田野至于市井,由水面至于岸上。如此讲究次第,颇得古诗之妙。明人谢榛谓王维古诗“脉络分明，句调婉畅”（《四溟诗话》），同时人吕夔亦赞王维古诗“句本冲澹，而兴则悠长”（《重刊唐王右丞诗集序》），读此诗可知矣。

（刘燕歌）

登河北城楼作[①]

原文

井邑[②]傅岩[③]上，客亭[④]云雾间。

高城眺落日，极浦[⑤]映苍山。

岸火[⑥]孤舟宿，渔家夕鸟还。

寂寥天地暮，心与广川闲。

〔注〕

① 河北：唐代县名，今山西平陆一带。
② 井邑：城镇。
③ 傅岩：平陆县东北有傅岩山，相传为商朝贤士傅说版筑之地。
④ 客亭：供旅客休息之亭。
⑤ 极浦：远处水面。
⑥ 岸火：岸边灯火。

鉴赏

此诗乃王维赴任济州途中行经河北县（今山西平陆县）时所作。据《平陆县志》载，此地北依中条山，黄河萦带其西南，倚山临水，地势奇险（参见李裕民辑《山西古方志辑佚》）。古之人出官于外，往往寄兴于山水，这首诗描写的就是作者所见奇丽景色。

首联上句从河北县的名人说起，最著者莫过于“起于版筑之间”的商朝贤者傅说，传说这里就是其版筑之地；下句将视线落在河北县的名景——黄河边之客亭，遥视之，客亭矗于云烟之中，渺渺可见。唐代诗人顾非熊也曾以诗描写过客亭胜景："孤亭临峭岸，别有远泉来。山与中条合，河逢一曲回。"(《题平陆县亭》)此联两句把河北县的历史文化和依山傍河的地理形貌都涵盖了。

颔联二句以泼墨粗笔描写河北县的江山雄胜。据记载，河北县地势相较周边地区要高出许多，可想若登高而视，则可将山水尽收眼底。于是作者站在高城远眺落日、俯览黄河，只见日薄西山，霞光铺水，云山苍苍，河水泱泱，真是气象磅礴、闳壮隽伟的图景啊！颈联两句则以工笔勾绘水面的景象。孤舟如叶，栖宿于岸边灯火处；薄暮时分，渔家与夕鸟同归来。对偶工致，意象精炼。岸火与孤舟、渔家与夕鸟，又两两相映，极具画面感。岸火衬得这暂宿的小舟更显孤凄，江帆与飞鸟和谐地融为一体。一"宿"一"还"，又形成了漂泊与回归的对比，暗示着羁旅的孤寂和盼归的情思。此行对作者而言，乃是"穷边徇微禄"(《宿郑州》)，是到穷乡僻壤去屈求低微的禄位，因此诗歌字里行间不免透出失落之情。颔颈二联写景，注重区其巨细，疏而能密，著笔淡远，乃作者画工的绝佳体现。

诗的尾联抒写了"闻见广而情志阔"的体验。面对眼前之江山云物，作者顿生山川寂寥之感。广阔而闲静的河面，使人得以宣气节情，心绪也随着流水平静下来。

清人沈德潜《说诗晬语》将王维五律风格归为"清远"与"雄浑"二种。此诗写景能缩山河雄胜于尺幅之内，雅壮苍劲，萧疏澹荡，有如他的山水画之"笔迹劲爽"(唐张彦远《历代名画记》)，属于"雄浑"风格的典型作品。

(刘燕歌)

送崔九兴宗游蜀[1]

原文

送君从此去，转觉[2]故人稀。

徒御[3]犹回首，田园方掩扉。

出门当旅食[4]，中路授寒衣[5]。

江汉[6]风流地，游人何岁归？

〔注〕

① 崔九兴宗：排行第九，故称崔九。关于崔兴宗其人，说法有三：一、王维舅父之子。二、王维妻弟。三、恒州井陉县令崔柽的孙子，曾任大理评事。

② 转觉：顿时感觉。鲍令晖《代葛沙门妻郭小玉诗》："行行日已远，转觉思弥甚。"

③ 徒御：车夫。《诗经·小雅·车攻》："徒御不惊，大庖不盈。"

④ 旅食：在旅馆、客店吃饭。古时旅馆、客店通常既供应食品，又提供粮食和炊具，旅客可自己烹饪。

⑤ 授寒衣：发寒衣，夏历九月制备冬衣。

⑥ 江汉：四川一带古称汉州。

鉴赏

川蜀不仅风景奇丽，且钟灵毓秀，英才云集，唐代士子多喜游蜀以广见闻，因此唐诗中提及游蜀的诗篇在在皆是，此诗便是王维送别友人崔兴宗蜀地之游而作。王维隐居时期，与崔兴宗交游甚密，《唐才子传》卷二云："别墅在蓝田县南辋川，亭馆相望。尝自写其景物奇胜，日与文士丘丹、裴迪、崔兴宗游览赋诗，琴樽自乐。"王崔二人多以诗歌往来赠答，倡和相得，足见其关系密切。

"黯然销魂者，惟别而已矣。"本诗首联没有直入离别的场景，而是缘情造端，表达了送别之际畏惧离别的"销魂"情绪。首二字"送君"点题，接以"君去""转觉""人稀"，知音的远行使作者感慨故友又稀少了，凸显出内心强烈的空寂和恐慌之感。王维与崔兴宗友情极深，崔曾赴洛阳，王维作《送崔兴宗》一诗，起首亦云："已恨亲皆远，谁怜友复稀。"与本诗首联异曲同工。"转觉"二字有力，强调心中的失落感顿然而生。越是平日情深谊厚，离别时才越发会有恐慌的情绪。黄培芳评曰："发端最有神，五律最争起手。"（翰墨园重刊本《唐贤三昧集笺注》卷上引）作者开首先极写因不舍而引发的失落，真实而深挚，确是"有神"之句。

从王维与崔兴宗的多篇唱酬诗中可以看出，崔氏无意出仕，长期隐居，与王维志趣相投。因而颔联描写了这样的离别场景：远行者频频回首，隐居处扉门方掩。眼前的离别已令人惆怅，再想到日后扉门紧闭，游览赋诗将减兴不少，便又添了一层遗憾。顾可久评此二句曰："去住婉恋之情不尽，深至。"（《唐王右丞诗集注说》）由当下的失落想及日后的失落，情思的确"深至"。

南方风俗、饮食、气候皆与北方有异，何况蜀道艰险，路途遥遥，"自古西南路，艰难直至今"（许棠《送友人游蜀》）。王维年轻时代也曾游蜀，对蜀中的风土人情和气候情况有切身感受，故颈联二句表达了对崔兴宗羁旅在外的殷切叮咛。说的是行旅在外，应在旅馆按时吃饭；路半天凉，该及时制备寒衣。这样碎细的嘱托不免显得有点婆婆妈妈，然而让人感觉是如同亲人离别般事无巨细的絮叨，平常且朴实，却足以让人泪下。此种笔法实乃以小见大，从小细节中见出真感情。王维另有《秋夜独坐怀内弟崔兴宗》《崔九弟欲往南山马上口号与别》二诗，故注诗者据此一般认为崔兴宗乃王维舅父之子或妻弟，可见二人亦亲亦友，这样看来，这般絮叨也是入情入理。

尾联表达盼友早归的心情。江汉地区生活逸乐，李端《送友人游蜀》就说："本是风流地，游人易白头。"作者希望崔兴宗莫要贪恋那繁华地、温柔乡，早早归来才好。一句"游人何岁归"是问他，也是自问，用"何岁"而不用"何日"，暗示崔兴宗不会很快返回长安，也回应了开头作者难舍、恐慌的情绪。

细味诗意，若按时间的先后将本诗变为"田园方掩扉，送君从此去。出门当旅食，中路授寒衣。徒御犹回首，转觉故人稀。江汉风流地，游人何岁归"的顺序，似乎更符合事态常情。然而作者好像有意不这样安排，先写由"送君"而生的"故人稀"感受，再由"回首"想到"掩扉"，然后才写及殷殷嘱托，形成了一种倒叙的语意，好似希望时间倒流的心理。这样一来，使得诗句不再是惯常的平铺直叙，增添了一抹意识流的色彩，读起来耐人回味，也真可谓是极尽巧思了。

（刘燕歌）

早秋山中作

原文

无才不敢累明时①，思向东溪②守故篱。

岂厌尚平③婚嫁早，却嫌陶令去官迟。

草堂蛩④响临秋急，山里蝉声薄暮悲。

寂寞柴门人不到，空林独与白云期。

〔注〕

① 明时：政治清明的时代。

② 东溪：根据唐代诗人对东溪的描写，可推知此溪当在终南山附近。如岑参《太白东溪张老舍即事，寄舍弟侄等》云："天晴诸山出，太白峰最高。主人东溪老，两耳生长毫。"卢纶《落第后归终南别业》："不及东溪月，渔翁夜往还。"白居易《京兆府新栽莲（时为盩厔县尉趋府作）》："我来一长叹，知是东溪莲。"

③ 尚平：一作"向平"，汉代人。见《后汉书》卷八十三《逸民传·向长传》。

④ 蛩（qióng）：蟋蟀。

鉴赏

王维在四十岁以后，曾有一段隐居终南山的时光，并在蓝田辋川营造别业。隐居时光里创作的山水诗皆意境清新，画意十足。从意象选择来看，诸如"春风何豫人，令我思东溪"（《座上走笔赠薛璩慕容损》)、“倚仗柴门外,临风听暮蝉”(《辋川闲居赠裴秀才迪》)、“促织鸣已急,轻衣行向重”(《黎拾遗昕裴秀才迪见过秋夜对雨之作》)、“寂寞掩柴门,苍茫对落晖”(《山居即事》)等描写,与这首《早秋山中作》景象暗合,可知此诗也是在这一时期创作的。

诗的起首二句颇具深意。开头说“无才不敢累明时”,表达隐居乃因自己“无才”,并有“不敢累明时”的自知之明,既然无法逞才,那只好想着到终南山去隐居,在东溪边守着故篱,也是一种潇洒。这是自谴还是抱怨,又或者是为自己隐居的生活开脱兼及对仕宦不如意表示不满?这样的表达使人自然想到王维好友孟浩然触怒玄宗的故事。传说孟浩然游京师,拜谒王维,时值玄宗来,诏其出见,问所作诗,孟浩然答以“不才明主弃”(《岁暮归南山》),一句话惹得玄宗反诘:“卿自不求仕,非朕弃卿也,奈何诬我?”于是将其放还(参见《古今诗话》)。传闻的真实性这里不作追究,孟浩然的诗是确实有之。且看王孟的诗句如此之相似,说明这样的表达为当时文人所惯用。

颔联则借用两个典故表达自己早有不问世事、远离官场的想法。追蹑古人,作者羡慕汉代的向子平,他隐居不仕,为儿女操办完婚姻大事后,便抛下家庭琐务,与好友同游名山,逍遥隐逸去了。而像陶潜这样“性本爱丘山”之人,做官是徒然浪费人生,应该早点辞官回归田园才好。选用“岂”“却”两个程度副词,强调了“厌”“嫌”官场的心态。这两个典故都是对自己遗落世情的比喻。

后两联呈现了山中早秋的气象。王维擅长以声响烘托山中的寂静,“草堂”两句以精工的对偶,收得了以声写景的绝佳效果。秋至天凉,“蛩响”与“蝉声”此起彼伏;因是“临秋”,又值“薄暮”,

故而蟋蟀之声似乎是“急”，蝉的鸣叫好像透“悲”。蟪蛄不知春秋，这些昆虫的生命短暂，它们是在唱响最后的哀歌。尾联展现了天人合一的空阔画面。寂寞的柴门前人迹罕至，昆虫的鸣叫更显林中空旷，孤独的人只能与白云为伴，如同提前约好了相见。视线移向高远之处，将孤寂的情思化成了旷远的白云意象，以禅趣的方式表达了隐居的情趣。

王维的隐居属于吏隐，并非绝意仕宦。这首诗表面看起来是咏唱出尘脱俗的隐逸生活，然细味字句，实则暗含潜台词。首句“无才”的开解大有自我安慰的意思，山景的描写中，闻虫鸣之声，不觉得是天籁适然，反觉“急”“悲”，更显出其心绪不宁。因此可以说，这首寂寥短唱，隐隐约约表达了作者隐居的不适之情。诗人对作品主题的设定和语言表达的游离，是作者复杂心绪的无意识体现，却也使诗歌变得意蕴丰富。

（刘燕歌）

哭孟浩然

原文

故人不可见，汉水日东流。

借问襄阳老，江山空蔡州。

鉴赏

此诗题下原有题注，曰：“时为殿中侍御史，知南选，至襄阳有作。”知，主持之意。南选，即南下选官。唐制，六品以下官吏的铨选，由吏部和兵部负责，在长安或洛阳，每年举行一次。岭南、黔中官吏的铨选，则每四年举行一次，由朝廷选派京官，赴当地主持。王维赴桂州（今桂林）主持南选，事在开元二十八年庚辰（740）。又《唐会要》卷七十五“南选”条：“开元八年八月，敕岭南及黔中参选吏曹，各文解每限五月三十日到省，八月三十日检勘使了。选使及选人限十月三十日到选所，正月三十日内铨注使毕。”由此又可以推断出王维此诗最迟亦是写在开元二十八年十一月之前。其时，孟浩然刚刚逝世不久。

“故人不可见，汉水日东流。”首句直入主题，不加虚掩，不加铺垫，更显情感之真，哀伤之巨。古人每到一处，即使是在贬谪途中，只要条件许可，总要尽力和能见面的朋友见面，是深知世途险阻，聚散无常，每一转身，都可能成为永诀，故而极其珍视每一次相逢。王维与孟浩然早年即已相识，且交情甚笃，此番路过孟浩然的家乡襄阳，按理说正该朋友欢聚，畅诉离情，不料，孟浩然却以五十二岁的壮龄，早早地离开了人世。重到故人旧地，山河无恙，盼相逢却不能够再见，面对此情此景，怎不令人心碎。“汉水日东流”，一是说流水无情，不肯为人间事稍作停留，二也是将江山的永恒和人生的短暂作对比，怅望之余，蕴含着无尽的悲伤和感慨。

下句，“借问襄阳老”，陈铁民注解释成是“向‘襄阳老’寻问‘故人’”(《王维集校注》)。这样解释，可以避免“故人”(即孟浩然)意重出。从修辞的层面来讲，这样的解释较佳。但细味全篇，前文并未提到有一位作为第三者的“襄阳老”存在，翻查书籍，亦未找到有别的旁证。故笔者以为，按照诗意，这里的“襄阳老”，还是以指孟浩然为是。借问，已包含有向第三者寻问的意思，更不必特意写出某个具体的人。蔡州，在今湖北襄樊市东南，以汉末蔡瑁曾居于此而得名。在本诗中，盖亦泛指襄阳一带的山水而已。“江山空蔡州”，谓故人已去，空余山水，虽余山水，却再也无人可以登临游赏、命笔赋诗之意。浩然虽去，但襄阳未必再无才俊之士，而作者偏言“空”者，是重视、推崇浩然之意。

本诗只有短短的四句，既无曲折的章法，亦无高深的典故，但读来却能使人感动不已。究其原因，乃在于一个“真”字。清代吴煊、胡棠辑注的《唐贤三昧集笺注》评此诗：“老成凋谢，空余蔡州之江山耳。王、孟交情无间，而哭襄阳之诗只二十字，而感旧推崇之意已至。盛唐人作近古如此，后人则尚敷衍。”好“敷衍”，是一般人作诗的通病。在某些时候，这种“敷衍”可以增强诗歌的审美性，但在某些时候，这种敷衍反而会使诗歌显得造作。王维和孟浩然情深若此，此时此刻，正是无须“敷衍”。开口见喉咙，有时候反而是最好的抒情方式。

（刘竞飞）

送孟六归襄阳

原文

杜门不复出，久与世情疏。
以此为良策，劝君归旧庐。
醉歌田舍酒，笑读古人书。
好是一生事，无劳献《子虚》。

鉴赏

此诗之作，张清华《王维年谱》定于开元十七年(729)冬。是年初，孟浩然春试落第，留居至秋末，由长安返襄阳，王维遂写下此诗为其送行。《孟浩然集》卷三存有《留别王维》(赵殿成《王右丞集笺注》卷首亦录此诗，名《留别王侍御维》)一首，其诗曰："寂寂竟何待，朝朝空自归。欲寻芳草去，惜与故人违。当路谁相假，知音世所稀。只应守寂寞，还掩故园扉。"大约亦是写于此时(今暂按张说解读本诗，尚有他说见后文)。孟浩然和王维虽然都曾积极追求过事功，但二人又都属于有着很强的"隐士情结"的那种人。这种人，每当"兼济天下"的志向受阻，便很容易走上"独善其身"之路。孟浩然的诗中，已经流露出放弃功名回乡归隐的念头，王维的诗，也是循着同样的一个思路来对其开解。

“杜门不复出，久与世情疏。”久，表达的是完成时。故此句应是王维的自况，写自己亦早已无心世事，远离世情。此时的王维，已拜在大荐福寺道光禅师座下学习佛教（据张清华《王维年谱》）。“以此为良策”，此是承上联而来，倒装句法，生一顿挫。“劝君归旧庐”，则是顺展一句，重新理顺各句关系。

下句“醉歌田舍酒，笑读古人书”，是接上文隐居之说进一步叙写隐居之趣。田舍之酒，虽未必如朝中之酒精美，但妙在饮时可以自由自在。醉了即可放歌，正不必拘泥于朝中的种种繁文缛节。但倘若只知饮酒，则名士便和普通的酒鬼没了区别，故作者随即又添一句“笑读古人书”。读书，正是名士与普通人最大的区别。而之所以能够“笑读”者，亦是因为已经摆脱了仕进的压力，故此能够领略到书中的真趣。

“好是一生事，无劳献《子虚》”，末句仍是续写上文之意。好，恰，正之意。此是说读书、隐居，乃是一生正经的事业。《子虚》即《子虚赋》。古人常有献赋求官者，“无劳献《子虚》”，亦即劝孟浩然不必再劳神求官。此末句虽然增用了一个典故，但在意思上，基本是在重复上文的内容，故单从技巧的层面来看，其实是稍显累赘。一个意思反复陈说，未免会觉得稍乏余韵，故纪昀评此诗说：“结却太尽。”（《瀛奎律髓汇评》卷二十四）但事情总是相反相成，反复叙说，不重章法，反而使得本诗少了几分造作，倒显得亲切自然。故王寿昌又评此诗曰：“自然。”（《小清华园诗谈》卷上）朋友之间，其实是这种自然亲切更好。

此诗意思较为简单，其特点，已如上述。关于此诗，尚有其他一些相关的事情需要交代几句。在《孟浩然集》卷三中存有一首《岁暮归南山》(《河岳英灵集》卷中作《归故园作》)诗,乃是孟浩然的名作,其文曰:"北阙休上书,南山归敝庐。不才明主弃,多病故人疏。白发催年老,青阳逼岁除。永怀愁不寐,松月夜窗虚。"无论是从内容还是从用韵来看,王维和孟浩然的这两首诗,都应该是相互唱和之作。有学者认为,孟浩然之作,当在王维之前。但从诗题来看,王维诗曰"送",孟浩然诗曰"归南山"(如按《河岳英灵集》的诗题《归故园作》,其为孟归乡后之作,就更为明显),王作还应是在孟浩然作之前。孟诗中的"南山",指的是其家乡附近的南山,即今日所说的"铁帽山",并非如有些材料上所说,指是终南山。关于孟浩然的诗,有一则著名的故事,《新唐书·孟浩然传》:"孟浩然,字浩然,襄州襄阳人。……年四十乃游京师,……张九龄、王维雅称道之。维私邀入内署,俄而玄宗至,浩然匿床下。维以实对,帝喜曰:'朕闻其人而未见也,何惧而匿?'诏浩然出。帝问其诗,浩然再拜,自诵所为,至'不才明主弃'之句,帝曰:'卿不求仕,而朕未尝弃卿,奈何诬我?'因放还。"孙光宪《北梦琐言》卷七则又将推荐者归于李白:"唐襄阳孟浩然与李太白交游,玄宗征李入翰林,孟以故人之分,有弹冠之望。久无消息,乃入京谒之。一日,玄宗召李入对,因从容说及孟浩然。李奏曰:'臣故人也,见在臣私第。'上令急召,赐对,俾口进佳句。孟浩然诵诗曰:'北阙休上书,南山归敝庐。不才明主弃,多病故人疏。'上意不悦,……缘是不降恩泽,终于布衣而已。"孟浩然到底因谁推荐得见玄宗,其说不一。但其诵诗得罪玄宗事,很多书上却言之凿凿。张清华《王维年谱》在开元十七年下谈及此事,虽说明此事未可全信,但足证王孟二人在此时确有交往。言下之意,如果确有孟浩然为玄宗赋诗事，仍倾向于把此事定于孟浩然初次入长安之时。然孟浩然之诗，已如上所述，按其诗意，明显乃是孟归襄阳后所作。说孟浩然在首入长安时即已为玄宗吟诵此诗，显然是不可能。故孟浩然即便真的曾为玄宗诵诗，亦该是其于开元二十二年(734)第二次入长安之时。但开元二十二年，李白并不在长安，而王维开始是在长安闲居，秋天又去了洛阳谋仕进(据张清华《王维年谱》)，则是不是能有机会将孟浩然“私邀入内署”并见玄宗，亦未可知。

孟浩然是否曾给玄宗诵诗，对理解本诗的诗意并没有大的影响。但孟诗的写作时间，却影响到对本诗写作时间的考证。在没有新的可信的材料出现之前，今不妨埋一线索于此，留待有兴趣的读者进一步考证吧。

（刘竞飞）

西施咏[1]

原文

艳色天下重，西施宁久微。
朝为越溪女，暮作吴宫妃。
贱日岂殊众，贵来方悟稀。
邀人傅脂粉，不自着罗衣。
君宠益娇[2]态[3]，君怜无是非。
当时浣纱伴，莫得同车归。
持谢[4]邻家子[5]，效颦安可希。

〔注〕

① 亦题作《西施篇》。
② 娇：亦作“骄”。
③ 态：亦作“恣”。
④ 持谢：亦作“寄言”“寄谢”。
⑤ 邻家子：亦作“邻家女”。

鉴赏

西施是历代咏史诗最常出现的女性形象之一。据《越绝书》《吴越春秋》等杂史记载，春秋吴越战争期间，越国败于吴国，乃征国中绝色献于吴王，以丧其志，祸其国。西施原为越国苎萝山鬻薪、浣纱女，以美色入选，深受吴王宠爱，后越国果然反败为胜。此事作为“美色误国”“女祸论”的例证，是历代文人墨客咏叹的绝佳题材，代不乏作。至于西施的个人的命运、结局，亦是命运无常、红颜薄命论的最好注脚，这也是西施题材咏史诗的另一常见意旨。

咏史诗大体分两类，传体和论体，亦称史事诗和史论诗，前者被认为是正体，后者是变体。一般先概括本传，即叙史实，再发议论，王维此作夹叙夹议，以议论为主。开篇便定下基调“艳色天下重，西施宁久微”，着眼点在于时代影响下的个人命运。“越溪女”与“吴宫妃”身份地位对比鲜明，“朝为”“暮作”写西施暴得富贵，极力突出命运的瞬息万变。实际上，据记载西施被征选后经过三年训练始献于吴，但如果诗人据实写“原为”越溪女，“今为”吴宫妃，显然不如“朝为”“暮作”有力。后接议论，“贱日”“贵来”两句向来被后人视为警句，写世态人情入木三分，即今看来，亦不乏契合之例。再叙：“邀人傅脂粉，不自着罗衣”，写昔日浣纱女骤得富贵后的娇态，以傅粉、着衣之类的琐事、艳事呈现，绮丽的语言表象之下是否暗含讥讽？后又接议：“君宠益娇态，君怜无是非”，“君怜”尤为警句。表面写吴王对西施的宠爱，然而这个“君”在爱情男主角之外，更是一国统治者。作为至高无上的掌权者，君主的个人喜好，可以突破是非评判标准，可以凌驾于公义、道德之上。故诗中男女情爱、美人得宠，也许只是在隐喻权力与公义的较量。如此振聋发聩语之后，再转归平淡：“当日浣纱伴，莫得同车归”，是西施富贵忘旧，不念故人，还是此时已身不由己，欲与故人同车归家而不得了？结尾“持谢”二言“古今亟称佳句”，亦最耐人寻味。若作当事人视角看，则似暴发者得意骄人之言：无此美色，效颦亦有何用？若作旁观者视角看，则既可看作对西施美色的赞美，亦可结合“当日浣纱伴，莫得同车归”，将其看作对西施不同寻常的命运的同情，毕竟昔日浣纱伴，还可归家过着平淡的生活，而西施则作为政治斗争的工具，在得宠时无法对宠爱自己的夫君报以真情，在战争结束后，据杂史传说，她或不知所终，或被作为女祸沉水而亡，或与范蠡一起不知所终，最后一种结局最浪漫，也最不太可能。与昔日浣纱伴相比，孰幸？孰哀？

此咏史诗夹叙夹议，议论则思想深刻，警句迭出，为后世称颂；叙事则似平淡而实蕴藉，令全诗意旨为后世猜度不尽。并无文献记载西施一朝富贵后便骄恣妄为，所以一般认为此诗为诗人借西施讽时之作。杜甫《丽人行》写杨氏“炙手可热势绝伦”，为同时代人，讽喻对象比较明确，而此诗为唐人咏春秋事，诗人究竟喻指何人何事原费思量，加之诗歌语言指涉不明，是否讽时亦有争论。持讽时说者断言此诗讽刺一朝富贵者骄恣妄为、不念旧情的凉薄；但亦有持人才论者，着眼于首尾“艳色天下重，西施宁久微”“持谢邻家子，效颦安可希”四言，结合越国征选西施、郑旦后，“饰以罗縠，教以容步”，三年学成始献于吴，而唯西施得宠立功的记载，认为此诗作于唐代重视人才选拔的背景之下，作者说的是有才终将被重用。孰是孰非？原不要紧。清人赵殿成称此诗议论多“慨词，然出之以冲和之笔，遂不觉沨沨乎为入耳之音，诚有合于风人之旨也哉”。古人所谓冲和之笔，即言无论意旨如何深刻犀利，亦不必疾声厉色，而应缓缓道出，意在言外，给读者留下思考回味的空间，此诗佳处正在于此。

（石晓玲）

班婕妤[①]（三首）

原文

玉窗萤[②]影度[③]，金殿人声绝。
秋夜守罗帷，孤灯耿[④]不灭。
宫殿生秋草，君王恩幸疏。
那堪闻凤吹[⑤]，门外度金舆。
怪来[⑥]妆阁闭，朝下不相迎。
总向[⑦]春园里，花间笑语声。

〔注〕

① 班婕妤：西汉时人，名不传，汉成帝时被选入宫，立为婕妤，故世称班婕妤。
② 萤：萤火虫。
③ 度：飞过。
④ 耿：微明。
⑤ 凤吹：笙箫之类的细乐。
⑥ 怪来：难怪。
⑦ 向：唐俗语词，有“在”意。

鉴赏

据唐诗选本收录情况推测此诗作于天宝三载（744年）之前。其一首句“玉窗萤影度，金殿人声绝”，精致美丽的窗前，萤火虫的影子飞过，金碧辉煌的宫殿已悄无人声。是谁在注视着窗上萤火虫的影子，在听着渐渐消散的人声？必是一个寂寞人。“玉”窗，“金”殿这样富丽的辞藻烘托出的是萤“影”、声“绝”这凄凉的意象。果然之后抒情主人公出场，“秋夜守罗帷”，入秋了，天凉了，床前丝缦华美，而床上的主人却无心入睡，正如窗前孤灯耿耿不灭。“耿”乃此诗诗眼。何为“耿”?《广韵》：耿介也。《冯衍·显志赋》：独耿介而慕古兮。《徐敬业诗》：少年负壮气，耿介立冲冠。又《韵会》：不安也。《诗·卫风》：耿耿不寐。《传》：耿耿，犹儆儆也。钱氏曰：耿耿，小明，心有所存，不能忘之貌。班婕妤之所以为后人反复吟咏，并不只是因为她是弃妇、怨妇，她更为人熟知的是自己得宠时因“贤圣之君，皆有名臣在侧，三代末主，乃有嬖女”拒与成帝同辇、赵飞燕得宠时主动自请侍奉太后的耿介。而即使《怨歌行》并非出自其手，以常情度之，作为曾经得宠的婕妤，远离君王独居，长夜不寐，能不忆及往昔，心中“有所存”，“不能忘”？如此看来，此句浑不知在写人还是在写灯，灯与人已化为一体。明人顾璘认为此诗“咏婕妤而犹为含嚬希宠之态，似非婕妤本相”，似未得摩诘真意。

其二起句“宫殿生秋草，君王恩幸疏”，直陈，宫殿、秋草，冷落之象无须多言。紧接着“那堪闻凤吹，门外度金舆”，视觉转听觉，调动起读者丰富的感官体验。秋草的萧瑟景象与金舆的富丽堂皇，眼前“宫殿生秋草，君王恩幸疏”的冷落寂寥与“凤吹”声声、“门外度金舆”的热闹喧嚣形成鲜明对比，而人物命运与他人、与昔日的对比皆在其中。是谁在看秋草、听凤吹、想象金舆路过的景象？是那个君王恩幸已疏，寂寞彷徨，对目下生活和未来命运充满忧虑迷茫的被冷落者，她在细细地听着门外的声音，猜度着是谁在说话、在笑，这金舆从哪里来，往哪里去；而君王正乘金舆往幸、甚或此刻正与君王同乘金舆的得意人，自是无暇去猜度已生秋草的宫里是不是有个失意人，这个人的所思所想所为亦何足挂怀；当日情爱缠绵不欲一刻分离以至有同辇之请的君王此刻经过寂寥的宫前，是否还会想起这位曾经的意中人？

其三诗意显豁。难怪不再精心梳妆，因为君王下朝以后也不会再来临幸。想来他总在花园中吧，春光明媚，有人与之笑语相伴。同是以我之寂寥冷落与人之笑语明媚对比，宋词名作李清照《永遇乐》“如今憔悴，风鬟霜鬓，怕见夜间出去。不如向、帘儿底下，听人笑语”则语言略嫌直露，人物也纯是可怜。而此诗淡然的语气则令人体味想象出主人公怨而不卑的形象。故宋人刘辰翁评此诗“语皆不刻而近”，明人顾可久则说它“含蓄、悠长、冲雅”。

古乐府歌辞中有《怨歌行》：“新裂齐纨素，皎洁如霜雪。裁为合欢扇，团团似明月。出入君怀袖，动摇微风发。常恐秋节至，凉飚夺炎热。弃捐箧笥中，恩情中道绝。”以团扇秋来见捐喻人之中道被弃，传为班婕妤所作，故后世诗人总以其为宫怨代言人。王维《班婕妤三首》亦写婕妤之怨，而其二“度金舆”许是理解这组诗的关键。除了与“生秋草”的表面对比，“金舆”在此诗中另一意涵在于暗用“婕妤辞辇”的典故。婕妤此行在道德舆论中获得了极大的赞美，不仅当时受太后称赞“古有樊姬，今有班婕妤”，后世亦为史家和文人墨客吟咏不绝，东晋顾恺之名画《女史箴图》亦有描绘，而成帝本人如何看待此事呢？也许敬佩之外，感到的是被所爱女子教育的尴尬，亲密意愿落空的失落，从其此后宠幸道德上颇为人非议的赵飞燕姐妹，便可知成帝并不是为作“圣贤之君”会置个人情感、私欲于不顾的君王。此时的婕妤不知有否为当时的高尚略感失落、后悔，还是宁为玉碎不为瓦全，坚守初心，我自观秋草，任你度金舆？若《怨歌行》等怨词果出其手，那么她有否后悔当初辞辇的高尚，而在飞燕得宠后自请侍奉太后在高尚之外有没有那么一点儿赌气的意味，长夜寂寥之时有否后悔当初的赌气？这些都是千古文人猜度不尽的话题。情与理向来并不统一，如何取舍，也是永恒话题。

全诗不着一“怨”字，而婕妤内心的幽怨却于千年之下仍真切可感。作者准确地选取了几个典型意象，寥寥几字，便将主人公内心的万千思绪萦于读者之怀。而其二“度金舆”暗用辞辇之典，则使其一的孤灯不寐、其三的妆阁不开这些传统怨妇意象都具有了别样的意涵，这怨是单纯的怨，还是怨而不悔都可作多种解读，言有尽而意无穷，正得诗家要旨，难怪清人黄生极赞此诗“本意一毫不露，作法高绝，从来诸作，皆可废矣”。

（石晓玲）

文

wen

山中与裴秀才迪书

原文

近腊月下，景气和畅，故山[①]殊可过。足下方温经，猥不敢相烦。辄便往山中，憩感配寺[②]，与山僧饭讫而去。

北涉玄灞[③]，清月映郭。夜登华子冈，辋水沦涟，与月上下。寒山远火，明灭林外。深巷寒犬，吠声如豹。村墟夜舂，复与疏钟相间。此时独坐，僮仆静默，多思曩昔携手赋诗，步仄径，临清流也。

当待春中，草木蔓发，春山可望，轻鯈[④]出水，白鸥矫翼，露湿青皋，麦陇朝雊[⑤]。斯之不远，傥能从我游乎？非子天机清妙者，岂能以此不急之务相邀？然是中有深趣矣。无忽。因驮黄檗人往，不一[⑥]。山中人王维白。

〔注〕

① 故山：旧日所居住的山，此指蓝田山辋川别业。
② 感配寺：在蓝田县城，一作感化寺。
③ 玄灞：深青色的灞水。辋水在蓝田县南北流入灞。

④ 鲦(tiáo)：一种细长的淡水鱼。
⑤ 雊(gòu)：野鸡鸣叫。
⑥ 驮黄檗(bò)人：进城卖黄檗(一种药材)的人。不一：不详说，旧时书信结尾用语。

鉴赏

王维工诗善画。苏轼评其诗谓："诗中有画"，"画中有诗"。这篇山水小品，写得饶有诗情画意，不妨说是文中有诗，文中有画，体现了诗、画、文的融合。题内"山中"，指蓝田县南的峣山中。王维在蓝田辋谷川口(即峣山口)有隐居别业，常与朋友裴迪在这一带的风景佳胜处同游赋诗。这是王维从长安回到辋川别业后给裴迪写的一封信，邀他在开春后同游山中。秀才，是当时对士人的通称。

信一开头，就以轻淡而有情致的笔墨明快地提出"故山殊可过"这个全文的中心。农历十二月，气候本来还相当寒冷，但对大自然特别敏感的王维，却已感到阳气的萌动和景物气候的温煦宜人。这正透露出他"天机清妙"的禀赋。接着讲到，由于裴迪正在温习经书，不便相邀，只能自己先往山中。这就为下面邀裴明春同游埋下伏笔。

接下来一段，是对山中冬夜清寥优美景色的具体描绘，也是对上文"故山殊可过"的具体印证。作者先点出"北涉玄灞"的经行路线，并以"清月映郭"带出特定的时间背景和景物总特征，然后顺着由近及远，由水而山，由视而听，由色而声的次序进行描写，显得既从容有致，又井然有序；并且运用以动衬静、以明托暗、以声显寂的手法，使读者于波光月影的荡漾、寒山远火的明灭、深巷寒犬的吠叫、夜舂疏钟的相间中，感受到辋川月下寒夜的幽寂、清寥与深永。辋川景物原是作者所熟悉的，但寒夜登华子冈所见所闻，却使他感到既新鲜又亲切，像是发现了一个新的充满诗情画意的境界。这正是作者笔下的境界虽带有冬夜的幽寒，却并不显得凄清，而是具有令人神远的诗意美的原因。接着，作者用“此时独坐”一句作为转折，由途中观赏月夜清景折入静夜独坐时对往昔与裴迪同游情景的追忆。“此时”“曩昔”，“独坐”“携手”，两两相对，“步仄径”“临清流”的兴会与眼下的“独坐”“静默”相形，益发衬托出对朋友的思念，从而引出对“春中”同游的热烈期待。

接着，文章以欢快而充满展望的语调描绘出明春山中生机勃发的景象。从春山到春水，从天空到地下，从田野到草地，从植物到动物，到处充溢着跃动的生机，展示出与寒冬月夜的辋川迥然不同的境界，其中渗透了作者对春天、对生命的热爱。想到这一切，他对朋友的思念更加殷切了，因而水到渠成地发出“从我游”的邀约。作者强调只有“天机清妙”者才能领略大自然的美景，并在观照中发现“深趣”，这就把同游山中升华到一个更高的思想境界和美学境界，被世俗视为“不急之务”的游赏也就获得了深刻的意义。文章写到这里，随即淡淡收住，留下对明春山中同游的期待，让读者去驰骋想象。

同作者许多优秀的山水诗一样，这篇山水小品尽管也有对具体景物鲜明如画的描绘，但它的主要特点却是表现作者在观照自然时所领略到的一种得意忘言的“深趣”，一种对自然界诗意美的发现的喜悦，和对更美好的生活的向往。它的艺术感染力也主要来自渗透在作者所描绘的境界中的一片荡漾诗情。这和后来一些以刻画客观景物为主的山水游记是很不同的。

文章以春中同游山中为结穴，但它用笔的重点仍在寒夜月下辋川景物的描写。寒夜景色之美已使人神往，则“春山可望”之时更不待言。对春天山中的风光，只以想象之笔稍作点染，正是由于上文已作了充分的铺垫。文中多用比较整齐的四字句，但不拘骈偶，语言清丽，又贯注着深情妙趣，读来只觉流畅自如，毫无板滞之感。

（刘学锴）

附录

FULU

王维生平与文学创作年表

纪　年	年岁	生平经历	主要作品	相关大事
武周 长安元年 (701)辛丑	1	字摩诘,号摩诘居士,蒲州(今山西运城)人,祖籍山西祁县。		李白生。
长安二年 (702)壬寅	2			张九龄进士及第。
唐中宗 神龙元年 (705)乙巳	5			正月,张柬之等人迎太子李显复位。二月,复国号唐。十月,武则天卒。
景龙二年 (708)戊申	8			置修文馆大学士、学士等官。颜真卿生。
景龙三年 (709)己酉	9			宗楚客为中书令。
唐睿宗 景云元年 (710)庚戌	10			金城公主赴吐蕃。韦后等人毒杀中宗,立重茂为少帝,韦后临朝。相王子与太平公主合谋起兵,废少帝。相王即位,为睿宗,以李隆基为太子。
景云二年 (711)辛亥	11			张说为相。分陇右道,设河西道。
唐玄宗 先天元年 (712)壬子	12			睿宗传位于太子,太子即位,是为玄宗。杜甫生。

续表

纪 年	年岁	生平经历	主要作品	相关大事
开元元年(713)癸丑	13			高力士为右监门将军、知内侍省事。姚崇为相。
开元二年(714)甲寅	14			置陇右、幽州节度使。
开元三年(715)乙卯	15	离家赴长安。	诗《题友人云母障子》《过秦皇墓》	西突厥葛逻禄等部降唐。
开元四年(716)丙辰	16	在长安。		姚崇罢，宋璟、苏颋为相。
开元五年(717)丁巳	17	在长安，间至洛阳。	诗《九月九日忆山东兄弟》	卢鸿应诏至洛阳，同年辞官返回嵩山。吴道子应诏入宫。
开元六年(718)戊午	18		诗《哭祖六自虚》	
开元七年(719)己未	19	七月，赴京兆府试。	诗《赋得清如玉壶冰》《桃源行》《李陵咏》	置剑南节度使。
开元八年(720)庚申	20	春，应吏部试，落第。	诗《息夫人》	宋璟、苏颋罢，源乾曜、张嘉贞为相。
开元九年(721)辛酉	21	进士及第，授太乐丞。因伶人犯忌受牵连，谪济州司仓参军事。	诗《送綦毋潜落第还乡》《被出济州》《宿郑州》《早入荥阳界》	置朔方节度使。
开元十二年(724)甲子	24	在济州。	诗《济上四贤咏三首》《济州过赵叟家宴》	
开元十三年(725)乙丑	25		诗《喜祖三至留宿》《齐州送祖三》	十一月，封禅泰山。

续表

纪　年	年岁	生平经历	主要作品	相关大事
开元十四年(726)丙寅	26	暮春，离济州司仓参军事任。	诗《寒食汜上作》；文《送卷五赴任新都序》	置黑水都督府。
开元十五年(727)丁卯	27	官淇上。	诗《偶然作》	僧一行卒。
开元十六年(728)戊辰	28	隐于淇上。	诗《淇上田园即事》	
开元十七年(729)己巳	29	在长安。从大荐福寺道光禅师学习顿教。	诗《送孟六归襄阳》	
开元十八年(730)庚午	30	闲居长安。	诗《华岳》；文《故右豹韬卫长史赐丹州刺史任君神道碑》	吐蕃求和亲。
开元十九年(731)辛未	31	妻亡。		高力士进谗言，禁军悍将王毛仲被赐死。
开元二十一年(733)癸酉	33		诗《赠房卢氏琯》《送从弟蕃游淮南》	
开元二十二年(734)甲戌	34	秋，赴洛阳，献诗张九龄。	诗《送崔兴宗》《上张令公》《归嵩山作》；文《京兆尹张公德政碑》	李林甫、裴耀卿、张九龄同为宰相。
开元二十三年(735)乙亥	35	得张九龄提拔，为右拾遗。	诗《献始兴公》	张九龄加金紫光禄大夫，累封始兴伯。

续表

纪年	年岁	生平经历	主要作品	相关大事
开元二十四年(736)丙子	36	在东都。冬十月,随玄宗还长安。		
开元二十五年(737)丁丑	37	春,在长安。夏,赴河西节度使幕,先为监察御史,后兼节度判官。	诗《寄荆州张丞相》《使至塞上》《出塞作》《凉州赛神》;文《暮春太师左右丞相诸公于韦氏逍遥谷宴集序》《为崔常侍谢赐物表》	四月,张九龄被贬为荆州大都督府长史。李林甫进爵为晋国公。
开元二十六年(738)戊寅	38	回长安。	诗《送岐州源长史归》	立李玙为太子。分左右羽林军,别置龙武军。
开元二十七年(739)己卯	39	在长安。	文《大荐福寺大德道光禅师塔铭》	
开元二十八年(740)庚辰	40	改殿中侍御史。冬,自长安经襄阳、郢州、夏口至岭南。	诗《哭孟浩然》《送封太守》《送康太守》	孟浩然卒。张九龄卒。
开元二十九年(741)辛巳	41	春,从岭南北归。隐居终南山。	诗《谒璿上人》《送邢桂州》	以安禄山为营州都督、平卢军使。
天宝元年(742)壬午	42	春,在长安,复出任左补阙。	诗《送丘为落第归江东》《三月三日曲江侍宴应制》《和仆射晋公扈从温汤》《春日直门下省早朝》	安禄山任平卢节度使。改州为郡,改刺史为太守。

续表

纪　年	年岁	生平经历	主要作品	相关大事
天宝二年(743)癸未	43	在长安。与王缙、王昌龄、裴迪集于青龙寺赋诗。	诗《青龙寺昙壁上人兄院集》;文《故任城县尉裴府君墓志铭》	
天宝三载(744)甲申	44	在长安。		改“年”为“载”。安禄山兼范阳节度使。
天宝四载(745)乙酉	45	迁侍御史。出使榆林、新秦。	诗《榆林郡歌》《新秦郡松树歌》	朔方节度使王忠嗣兼任河东节度使。册封杨太真为贵妃。
天宝五载(746)丙戌	46	转库部员外郎。		王忠嗣为河西、陇右节度使,兼知朔方、河东事。
天宝六载(747)丁亥	47			哥舒翰、安思顺分别任陇右、河西节度使。高仙芝为安西四镇节度使。
天宝七载(748)戊子	48	迁库部郎中。	诗《大同殿生玉芝,龙池上有庆云百官共睹,圣恩便赐宴乐,敢书即事》《奉和圣制天长节赐宰臣歌应制》《奉和圣制登降圣观与宰臣等同望应制》	高力士加骠骑大将军。
天宝八载(749)己丑	49		诗《故太子太师徐公挽歌四首》;文《贺玄元皇帝见真容表》	

续表

纪年	年岁	生平经历	主要作品	相关大事
天宝九载(750)庚寅	50	因母崔氏卒,离朝丁忧。		赐安禄山为东平郡王。赐杨钊名国忠。
天宝十载(751)辛卯	51	在辋川。	文《大唐吴兴郡别驾前荆州大都督府长史山南东道采访使京兆尹韩公墓志铭》	安禄山兼河东节度使。安禄山攻契丹,败。
天宝十一载(752)壬辰	52	三月,拜吏部郎中。	诗《敕赐百官樱桃》	李林甫卒。杨国忠任右相。吉温为御史中丞。
天宝十二载(753)癸巳	53		诗《送李睢阳》《送魏郡李太守赴任》《送秘书晁监还日本国》	
天宝十三载(754)甲午	54		诗《同崔兴宗送衡岳瑗公南归》	
天宝十四载(755)乙未	55	转给事中。	诗《酬郭给事》	十一月,安禄山反。十二月,东京陷落。
唐肃宗至德元年(756)丙申	56	被安禄山所俘,禁于洛阳菩提寺。九月,被迫就任伪署。	诗《菩提寺禁,裴迪来相看,说逆贼等凝碧池上作音乐,供奉人等举声便一时泪下,私成口号,诵示裴迪》	正月,安禄山在洛阳称帝,国号燕。二月,李光弼收复常山。六月,郭子仪、李光弼取得嘉山大捷。玄宗入蜀,太子李亨即位,是为肃宗,尊玄宗为太上皇。

续表

纪年	年岁	生平经历	主要作品	相关大事
至德二载(757)丁酉	57	因陷贼官身份被收，系赴西京定罪。后因《凝碧池》诗曾闻于行在，且弟缙请求削职赎兄罪，得到宽免。		正月，安禄山被其子安庆绪所杀。九月，唐军收西京，十月，收东京。十二月，太上皇返长安。史思明降。
乾元元年(758)戊戌	58	授太子中允，加集贤殿学士，迁太子中庶人、中书舍人。再拜给事中。	诗《既蒙宥罪，旋复拜官，伏感圣恩，窃书鄙意，兼奉简新除使君等诸公》《和贾舍人早朝大明宫之作》；文《谢除太子中允表》《谢集贤学士表》	改“载”为“年”。史思明再叛。郭子仪等九节度使包围安庆绪于邺。
乾元二年(759)己亥	59		诗《左掖梨花》《送韦大夫东京留守》；文《为相国王公紫芝木瓜赞》	史思明救邺，九节度使兵败。史思明杀安庆绪。
上元元年(760)庚子	60	夏，转尚书右丞。	诗《恭懿太子挽歌五首》；文《门下起赦书表》	史思明被其子史朝义所杀。
上元二年(761)辛丑	61	春，上表请求削己官职，使弟缙还京师任职。五月，弟缙任左散骑常侍。七月，卒于辋川。	文《责躬荐弟表》《谢弟缙新授左散骑常侍状》	江淮饥荒。

（远　山）

图书在版编目(CIP)数据

王维诗鉴赏辞典：珍藏本 / 上海辞书出版社文学鉴赏辞典编纂中心编. —上海：上海辞书出版社，2020(2025.2 重印)
(中国文学名家名作鉴赏精华)
ISBN 978-7-5326-5542-7

Ⅰ.①王… Ⅱ.①上… Ⅲ.①王维（699-759）—唐诗—诗歌欣赏—词典 Ⅳ.①I207.227.42-61

中国版本图书馆 CIP 数据核字（2020）第 128848 号

王维诗鉴赏辞典（珍藏本）

上海辞书出版社文学鉴赏辞典编纂中心 编

责任编辑 刘小明
装帧设计 姜 明

出版发行 上海世纪出版集团
上海辞书出版社(www.cishu.com.cn)
地 址 上海市闵行区号景路159弄B座(邮编 201101)
印 刷 上海中华印刷有限公司
开 本 889×1092 毫米 1/32
印 张 5.875
字 数 132 000
版 次 2020 年 7 月第 1 版 2025 年 2 月第 2 次印刷
书 号 ISBN 978-7-5326-5542-7/ Ⅰ·453
定 价 40.00 元